CAPÍTULO VI

Por

Roberto Beras

Roberto_beras@hotmail.com

ISBN# 9780692868683

Copyright 2010

by Roberto S. Beras

TODOS LOS DERECHOS RESERVADOS POR EL AUTOR, ninguna parte de este libro puede reproducirse ni transmitirse de ninguna forma o por cualquier medio, electrónico o mecánico, incluyendo fotocopias, grabación, o por cualquier sistema de recuperación y almacenamiento de información y no copias, duplicaciones o uso de los siguientes es permitido hacerlo sin el consentimiento expreso y por escrito de:

SECOND CHANCE PUBLICATIONS
P.O. Box 5325
Elm Grove, Wisconsin 53122

Este libro es una obra de creatividad, observación, investigación y experiencia. Si los nombres, eventos y personajes tienen alguna semejanza o similitudes con personas reales, nombres, lugares o eventos en esta historia, es pura coincidencia, o el conocimiento personal del autor.

NOTICIA PARA EL COMPRADOR

La venta de este libro sin su cobertura no está autorizada por el autor o la compañía publicitaria. Si tú compras este libro sin la cobertura, tú debes saber que éste fue reportado a la compañía publicitaria como un libro "unsold and destroyed," y que ni el autor ni la compañía publicitaria ha recibido pago por la venta del "stripped book."

ISBN#:9780692868683

Capítulo VI

NOTA DE AGRADECIMIENTO

Agradezco la cooperación de mi amigo y hermano Porfirio Mejía por el aporte desinteresado de su tiempo. A mi hermana Ana Cummins y a mi hijo Robertico por su apoyo incondicional.

PRÓLOGO

La obra de Roberto necesariamente nos mueve a una profunda reflexión. Nos trae en sus metáforas la lucha constante entre el bien y el mal; una lucha que se celebra aquí en la Tierra como en el cielo, donde se supone que sólo habitan Dios, los ángeles y los bienaventurados.

El autor, reflejándose en el protagonista de su novela, intenta contraponer la fuerza de su fe ante la desesperanza que provoca un estado de derecho carente de un mínimo sentido de justicia. La obra enfoca, de la manera más vívida posible, la vulnerabilidad del ser en una sociedad totalmente deshumanizada. Una sociedad, que ha desterrado de este mundo la compasión, para instaurar la malignidad entre congéneres.

Capítulo VI, cuyo título es nada sugerente, aunque indudablemente es un relato inherente al autor, a su propia experiencia, donde a través del personaje principal el autor destila sus frustraciones, pero la fatalidad jamás lo abruma, es una novela que nos sirve de espejo y que en su reflejo nos devuelve la imagen, no sólo del autor, sino de tantos otros, que, como él, sufrimos el dolor de la injusticia.

Al adentrarnos en la obra, empezaremos a darle valor a su título, pues a priori no le da sentido. El título no crea expectativa alguna ni sugiere significados, ni mucho menos induce a conclusiones. Es una especie de marco conceptual de la obra, porque es parte del contexto, pero sólo se aprecia desde dentro. Y al final, podemos de manera clara ver que realmente revela la intensión del autor, porque el título en sí, más que un reemplazo por número es una ausencia de título, que, como tal, también está lleno de significación.

Escrita en forma lineal, es una novela cuyo desarrollo deja advertido rápidamente su final y la sorpresa sólo nos sorprende en su parte in fini. Una sorpresa extremadamente subliminal, reservada para quienes logren discernir el infinito deseo del autor, de la cruda realidad que el libro también refleja. Una sorpresa que demanda una comprensión no intelectual de la obra, sino una comprensión sensible; el saber de los sentidos.

Capítulo VI es una obra con una carga emotiva encomiable, donde el autor se sobrepone y rompe el cascarón para entregarnos su historia, mimetizando, más que su fracaso, su desdicha, en un crimen muy distinto al de su falaz acusación, pero crimen al fin. Nos explica, con la sencillez de su lenguaje, pero con dominio absoluto de los temas jurídicos, las violaciones procesales y a los derechos más elementales de que debemos gozar todos los ciudadanos del mundo, sufridas por un protagonista que realmente fue él, pero que también fueron Peter Limone, Enrico Tamaleo, Louis Greco y Joseph Salvati en el caso Limone v. U.S., 497 F. Supp. 2d 143 (D. MA 2007).

Capítulo VI se leerá también con el ansia de quien tiene ante sus ojos las páginas de una buena obra de suspenso. A primera vista pareciera innegable que Capítulo VI estuviera destinada al lector con cierta relación con procesos judiciales injustos, quizás por el estigma cuasi indeleble con que la sociedad trata de escindir de su seno a los que, como el autor, fueron encausados injustamente por la justicia americana. Pero no, el destino de la obra es universal y podrá ser disfrutada por todos.

Esta novela, escrita mientras su autor se encontraba en la cárcel por un hecho que no sólo jamás cometió, peor aún, por un hecho que ni siquiera tipifica delito alguno en el ordenamiento jurídico actual de los Estados Unidos, es una novela que goza de una elaborada trama llena de suspenso y expectación y cargada de gran emoción, a pesar de un final que la misma obra constantemente perfila.

Tony, el personaje principal en quien el autor descarga la responsabilidad de su propia representación para llevar a cabo su proyecto, después de zafarse de una primera injusticia, en su primer intento por reinsertarse en la sociedad cae de nuevo, primero víctima de un destino que parece conspirar contra él y luego víctima de una nueva injusticia, que se convierte en el leitmotiv de la obra.

Haciendo gala de una imaginación ilimitada, Roberto combina la fuerza de su fe con la catarsis que destila en su obra a través de Tony y que sin lugar a duda fue el génesis de su inspiración; imaginación prodigiosa que le permite cuestionar a Dios y a la Santísima Trinidad sin menoscabo de su manifiesta devoción, cuando empieza mostrando su descontento, de una forma jocosa e hilarante, con Dios y todo los habitantes del cielo, intentándose comunicar con un Dios que en ese momento había perdido el don de la ubicuidad y su omnipotencia.

Describe los sucesos en el empíreo con exagerada mofa y raya los límites de lo libídine. Aun así, no requiere muestra de compunción, pues esa misma hilaridad diluye hasta casi desaparecer cualquier viso de blasfemia y ni siquiera hay reflejo de renegación de fe o apostasía. Tony persiste en su fe, cuando persiste en hablar con Jesús. De igual manera denuncia su injusticia como parte de un plan del mismísimo Satanás, encarnado en el humano más poderoso de la Tierra, responsable exclusivo de todos los males e injusticias sufridos por Tony, y con Tony, por prácticamente el resto de la humanidad, con excepción de sus secuaces.

El libro nos trae una confortante victoria del bien sobre el mal. En Capítulo VI, cada elemento está en su lugar y cada giro en la cadena de acontecimientos tiene una razón de ser. El mismo Dios o destino que permite las injusticias contra Tony, es el mismo Dios o destino que le tiende la mano para su salvación, cuando un ángel se encarna en un fiscal y decide segregarse del mal.

Basta leer Capítulo VI, no sólo para apreciar el potencial de su poderosa narrativa, sino y más que todo, para augurar el futuro hacia donde se habrá de dirigir el autor cuando se abran las puertas tan injusta y absurdamente cerradas, para volverse a cerrar tras de sí, con formidable estruendo y para siempre.

Dr. Nelson Solano

CAPÍTULO I

Como todas las noches, luchaba por conciliar el sueño. Tomó una revista de abajo del colchón y la comenzó a leer; sólo leyó unas cuantas páginas y la dejó. Tomó entonces las fotos de sus hijos y las miró detenidamente. Era doloroso y no le ayudaría a conciliar el sueño. También las soltó. Finalmente cogió la Biblia en sus manos; leyó un capítulo de ella y se quedó dormido sin darse cuenta.

Eran las 12:31 a.m. cuando sonó el teléfono. Pedro aún estaba despierto cuando su asistente le transfirió la llamada.

—Señor, sé que es muy tarde; pero consideré que la llamada es importante. Es una llamada de la Tierra; él dice que es urgente que le comunique con Jesús.

Pedro: ¿Desde la Tierra?

—Sí señor.

Pedro: ¿Cuál es su nombre?

—No lo sé señor. Le pregunté y se quedó en silencio. Lo que sí pude percibir es que está muy enojado, en sus palabras se encuentra la ira.

Pedro: Pásame la llamada.

—Sí señor.

Pedro: Es muy tarde hijo, ¿en qué puedo ayudarte? Te habla Pedro.

—¿Cuál es la diferencia que sea muy tarde o muy temprano? ¿No dizque ustedes siempre están pendientes de nosotros, sin importar la hora?

—Yo quiero hablar con Jesús, pásale la llamada.

De inmediato Pedro notó el enojo y la ira a la que se había referido su asistente.

Pedro: Escucha hijo, siento en tus palabras cierto enojo, ¿podrías explicarme tu problema? Sólo así podré ayudarte a resolverlo. Sabes que la ira no conduce a nada bueno.
—¡Oh sí! no me digas eso Pedro, porque la ira es común entre ustedes. ¿Recuerdas cuando Jesús entró en el templo, allá en Jerusalén, echando de allí a todos los que estaban vendiendo y comprando? Él volcó las mesas de los que cambiaban dinero a la gente y destruyó también los puestos de los que vendían palomas. Él estaba lleno de ira ¿cuál es la diferencia entre él y yo? ¿No dizque estamos hechos a su imagen y semejanza? Contéstame, Pedro.

Pedro: Hijo, Jesús estaba muy enojado porque los usureros estaban usando el templo de su padre como un mercado.

—¡Oh sí! pues sabes que, yo estoy enojado porque aquí en la Tierra se está mercadeando con el alma de los infelices y pobres sin que Jesús haga nada. Como te dije Pedro, quiero hablar con Jesús.
Quiero decirle lo que siento; quiero preguntarle si él está causando las crueldades e injusticias que estamos viviendo aquí en la Tierra o si es obra de otros y a él no le importa. ¿O es que tal vez él está tan ocupado en los negocios de su padre que ya no tiene tiempo para los infelices de la Tierra?

Pedro: Hijo, en nuestras actividades celestiales, a las cuales tú les llamas negocios, tenemos la tarea diaria de velar por ustedes, de protegerlos en esos momentos de confusión.

—Pues entonces lleven a cabo sus tareas. No permitan que los testigos den informes falsos ni que se hagan cómplices de los malvados para dar testimonio a favor de las injusticias, no permitan que los ciudadanos de la Tierra se dejen llevar por los gobiernos corruptos, inclinándose por lo que no es justo, no permitan que los malvados se conviertan en nuestros ídolos ni mucho menos que aprobemos sus injusticias, no permitan que se use el nombre de Dios para hacer maldades y si es cometida la maldad, no la dejen sin castigo.

—Descarguen todo el peso de la ley sobre aquellos que cometan asesinatos. No les permitan vivir un minuto en libertad, condenen aquellos que les arrebatan el sustento a los hambrientos, condenen los que se ocultan en la oscuridad para despojarnos de nuestros bienes, no les permitan que se paseen por las calles exhibiendo el fruto de sus delitos.

—Examinen con rigor aquellos que con sus mentiras perjudican a las familias.
Cuando así sea, Pedro, creeré que nos protegen y que velan por nosotros. De lo contrario, ahórrate tus palabras. Ustedes nos han abandonado en un abismo de angustia y de dolor; de crueldades e injusticias. Ustedes les han dado poder y autoridad a los malvados. Ellos nos gobiernan a sus antojos y ustedes no examinan sus obras y mucho menos investigan sus intenciones antes de otorgarles poder. Ellos no cumplen las leyes con rectitud ni actúan de acuerdo con la voluntad de Jesús. Sin embargo, ustedes los protegen. Mientras que a los infelices y pobres de aquí ustedes los juzgan con severidad y les piden cuenta con rigor.

¿Por qué nos tratan tan severamente cuándo ellos son los malvados? Contéstame, Pedro, no te quedes callado. ¿Por qué no nos protegen de los malvados? ¿O acaso ustedes no saben de los sufrimientos y miserias a las que hemos estado sometidos? ¿Jesús no conoce de los 10 millones de niños que mueren cada año, de hambre, a causa de corrupción de los poderosos? Contéstame, Pedro.

Pedro: Hijo mío, tú estás equivocado. Nosotros no protegemos a los malvados; los malvados tendrán mucho dolor. Los humildes y pobres sólo tienen que confiar en Dios y el amor de Él los cubrirá. Ustedes son un proyecto maravilloso de Dios, Él quiere que sean felices y se mantiene vigilante para que ese proyecto permanezca firme. Él los mira desde aquí y ve todas sus acciones allá en la Tierra. Sólo confíen en nosotros y Dios los protegerá.

Recuerda hijo, Dios hizo un pacto con ustedes. No lo hizo sólo con sus antepasados sino también con todos ustedes, los que hoy habitan en la Tierra. Si este pacto no es cumplido Él ejercerá su poder y castigará con fuego a todos los que lo violen. Dios fue muy claro; Él castigará aquéllos que son llamados a dictar sentencias, pero lo hacen con injusticia. Él castigará aquél que favorece a los débiles, pero también castigará a los que se rinden ante los poderosos. Lo correcto es vivir apegado a la justicia; no tomes parte de los actos de injusticia ni mucho menos abrigues en tu corazón ese odio que te enferma.

No te hagas cómplice del pecado de los mentirosos. Sólo pon en práctica nuestras leyes y Dios te protegerá.

—Conozco bien el contenido de ese pacto; pero parece que verdaderamente a Jesús ya no le importa si se respeta; ¿por qué no ejerce su poder? Si lo contrario a lo que tú me señalas es lo que está sucediendo aquí en la Tierra.

—Los desalmados y poderosos nos humillan; nos someten a torturas junto a nuestras familias; nos condenan a muerte sin consideraciones algunas. Sin embargo, ustedes los protegen. Ellos viven embriagados del vino más costoso; dejan por todas partes las huellas de su alegría. Aplastan a los hombres honrados que no tienen fortuna; no tienen compasión de nuestros hijos y se burlan de la justicia. No sólo de la justicia terrenal, sino también de la justicia celestial. Los poderosos viven dentro de guerras espantosas, causadas siempre por la ambición de poder y del maldito dinero. Todo en el mundo de los poderosos y malvados es crear confusión, muerte, robo, engaño, sobornos, adulterios, juramentos falsos, viven en un mundo de injusticia y envidia. No respetan la dignidad de un ser humano. No respetan la vida; matan a traición.

—Pedro, estoy convencido de que a Jesús ya no le importa o sencillamente desconoce nuestros sufrimientos y las injusticias y crueldades a las que estamos siendo sometidos. Insisto en hablar con él. Sólo él puede aclarar mis dudas. Ni siquiera la Virgen María ha querido hablar de mis quejas; sólo hay tristeza en su voz cuando evade mis preguntas.

Pedro: Hagamos algo hijo; llámame al amanecer y veré que hago para comunicarte con Jesús. ¿Cómo te puedo llamar?

La llamada se cortó antes que Pedro escuchara su nombre. De inmediato Pedro tomó el teléfono y llamó a su asistente.

Pedro: Magdalena, perdone que la despierte. ¿Podría venir a mi despacho inmediatamente?

Magdalena: Sí señor.

Para Magdalena, era obvio que algo inusual estaba pasando. En sus años de servicio en el Palacio Celestial, jamás había sido despertada a las 2:30 de la madrugada; y mucho menos con tanta urgencia.

Se cubrió su delicado y hermoso cuerpo con un manto blanco cuyos bordes eran sellados de brillantes. Se hizo un nudo en el cabello y apresuradamente colocó unas blancas sandalias en sus pies y corrió por el pasillo del Palacio Celestial hasta llegar al despacho de Pedro.

El despacho de Pedro era un amplio salón iluminado con docenas de candelabros. Éste se comunicaba con el sótano del Palacio, al cual sólo el personal de seguridad, Pedro y Magdalena tenían acceso. Dos agentes celestiales se encargaban de la vigilancia del sótano y otros tres de proveer lo necesario para que los que se encontraban allí prisioneros pudieran sobrevivir.

Pedro: Siéntese, Magdalena.

Magdalena: Gracias, señor.

Magdalena dejó caer su cuerpo frágil en uno de los 13 asientos colocados en forma de arco frente al escritorio de Pedro. Su rostro lucía intranquilo.

Magdalena: ¿Algo grave está pasando, señor?

Pedro: Me temo que sí, Magdalena.

Desde que Dios se encontró con Moisés allá en el desierto de Sinaí, jamás ha vuelto a haber contacto o ningún tipo de comunicación entre Él y la Tierra. Hemos contestado cada plegaria de los terrestres de la mejor manera, sin que sospechen. Sin embargo, ahora me temo que nuestro proyecto está en peligro. Quien sea que haya llamado está muy decidido a hablar con Jesús.

Magdalena: ¿Quién sea que haya llamado, aún desconoce quién es él?

Pedro: Sí, Magdalena. Le pregunté su nombre y la llamada se cayó. No sé si evitó darme su identidad o sencillamente no alcanzó a escuchar mi pregunta.

Magdalena: No entiendo su preocupación, señor. Basta con no pasarle la llamada a Jesús y nuestros riesgos quedarán eliminados.

Pedro: Eso no sería prudente Magdalena. No podemos despertar sospecha. Además, él insistiría hasta lograr hablar con Jesús. Después de casi dos horas en el teléfono con él, no logré convencerlo. A eso hay que sumarle que él se comunica constantemente con la vieja esa. Ella, con su bondad, lo comunicará con su hijo a pesar de la prohibición que existe.

Magdalena: ¿Qué debemos hacer, señor?

Pedro: Lo primero que haremos es llevar al sótano todos estos archivos. Coloquémoslos junto a las celdas de los prisioneros. Allí estarán seguros en caso de una investigación; nadie podrá encontrarlos, así como no han podido encontrar a nuestros prisioneros.

Magdalena: De inmediato señor.

Pedro: Llame a los cinco agentes encargados de la custodia y el servicio del sótano para que le ayuden a bajar esos archivos.

El despacho de Pedro estaba completamente repleto de cajas doradas que servían como archivos de miles de memorándums que se originaban internamente en el Palacio Celestial. También allí se guardaba cada correspondencia que se generaba en el Palacio y era enviada a la Tierra. Sin embargo, dentro de estos archivos también se encontraban todos esos memorándums falsos con los que fueron sustituidos los dictados por Jesús; éstos fueron enviados al sótano.

En menos de 30 minutos y con la ayuda de los agentes Magdalena había trasladado al sótano la mitad de las cajas doradas y su contenido. En el sótano, los prisioneros que allí se encontraban comentaban entre sí. Durante los últimos 2,000 años, nunca habían visto a Magdalena bajar a esa área del Palacio Celestial. Ellos sólo tenían contacto con los agentes que los vigilaban y los sirvientes; quienes les proporcionaban dos comidas calientes cada día y les proveían cobijas para que se protegieran del espantoso frío. Todos los prisioneros comentaban el hecho de que Magdalena había bajado al sótano y se había dejado ver por ellos, quienes por más de dos mil años habían permanecido encerrados allí sin que a Magdalena le importara.

Para los prisioneros era un verdadero misterio entender las razones por las que Magdalena se había prestado a traicionarlos para que permanecieran allí encerrados. Su fiel contribuyente e influyente amiga de Jesús los había mantenido todo ese tiempo sólo mirando los contornos de su confinamiento. Altas paredes tapizadas en oro; un piso hecho de las piedras más finas; un techo en forma de arco en el cual había orificios por los que emanaba un incienso en forma de humo. Todas las celdas eran individuales, con una altura de 12

pies y un ancho de 6 pies y 6 pulgadas. Cada celda tenía cierta iluminación; suficiente para ver entrar y salir a aquéllos que visitaban el sótano. Los potentes barrotes de bronce impedían la salida de ellos, pero les permitían verse uno al otro y conversar en su silencio.
Sospechaban que algo estaba ocurriendo, pero era imposible saber qué.

De regreso al despacho de Pedro, Magdalena lucía nerviosa y con una cara de aflicción. Fue impactante para ella estar cerca de quienes fueron sus fieles compañeros y colaboradores por tantos años y que por su traición hoy se encontraban sepultados en un sótano frío, alejados de todos los planes de Jesús.

Pedro: ¿Le sucede algo Magdalena?

Magdalena: No señor, sólo que estoy un poco exhausta y un poco cansada. ¿Qué sigue señor?

Pedro: Aún no estoy seguro como proceder. ¿Se le ocurre algo a usted Magdalena?

Magdalena: Lo primero que debemos hacer es identificar quien llamó, para impedir a toda costa que se comunique con Jesús.

Pedro: He estado pensando en ello, pero es imposible tener acceso a los libros celestiales. Usted sabe que las palabras y acciones de los humanos se registran directamente en el libro de Dios. Esas informaciones son extremadamente confidenciales y sólo son obtenidas cuando uno de ellos es presentado ante Él.

Magdalena: Asignemos esa labor a nuestros agentes y que ellos se comuniquen con nuestro representante en la Tierra. Creo que él tiene los medios necesarios para obtener esa información. Él se mantiene vigilante y de seguro lo identificará.

Pedro: Hagámoslo de esa manera, y mientras tanto, ponga sobre alerta a nuestros informantes celestiales. Necesitamos saber la reacción de Jesús si llegara a conversar con quien llamó.

Magdalena: Muy bien señor, procederé de inmediato. Convocaré a nuestros agentes al igual que a los informantes. Así estarán alertados antes de que la comunicación con Jesús se produzca.

De inmediato Magdalena convocó a todos sus agentes e informantes, los cuales se presentaron en seguida al despacho de Pedro. Una vez frente a Pedro fueron puestos al corriente de lo que sucedía.

Pedro se dirigió a los agentes e informantes y les dijo: "Ustedes han sido fieles a nuestro proyecto, han seguido mi mandato; han cumplido mis leyes. Por todo eso quiero agradecerles. Sin embargo, como Magdalena ya les explicó, nuestro proyecto se encuentra en un peligro inminente. Existe una enorme posibilidad de que alguien converse con Jesús desde la Tierra y estoy seguro de que cada uno de ustedes sabe lo que esto significaría."

Un murmullo se escuchó hasta que Pedro interrumpió con sus palabras.

Pedro: Pero este peligro puede ser eliminado si actuamos de una manera rápida y con la mayor precaución posible. A partir de ahora nuestra tarea es localizar a quien hizo esa llamada y neutralizarlo.

Ustedes conocen muy bien a nuestro representante allá en la Tierra. Tenemos que comunicarnos con él de inmediato solicitando su ayuda.

Pedro dirigió su mirada a uno de los agentes allí presentes, quien entendió que la mirada de Pedro era una especie de orden directa a él en su condición de Agente Superior.

El Agente Superior, quien estaba a cargo de la seguridad del Palacio Celestial y de impedir a cualquier ser con vida el contacto con Jesús, era un señor de baja estatura, con una actitud fría y calculadora; su rostro tenía una expresión extraña y era fácilmente distinguido por su corte de bigote. Se lo afeitaba en ambos lados y se dejaba una notable porción en el centro. Él había llegado en años muy recientes al Palacio Celestial, esto gracias a la ayuda e intervención del representante de Pedro en la Tierra. Su historia de acción era extensa y cada capítulo tenía el sello de la maldad. Un factor suficiente como para ocupar el cargo de Agente Superior en el Palacio Celestial, bajo las órdenes de Pedro.

Agente Superior: Señor, usaré nuestro satélite para enviar a nuestro representante un mensaje preciso allá en la Tierra.

Pedro: Creo que no es la vía correcta. Las torres celestiales abiertamente reciben las señales de satélites que contienen las palabras y acciones de los terrestres y éstas son archivadas en el libro de Dios sin ser verificadas. Sin embargo, las señales satelitales que salen son interceptadas por las torres celestiales y sometidas a ciertos escrutinios. Es por ello por lo que durante los últimos dos mil años hemos enviados nuestros mensajes a través de agentes. Es la única manera que esos falsos memorándums lleguen seguros a la Tierra.

Agente Superior: Siendo así señor, una comisión partirá de inmediato hacia la Tierra. Señor, para estar claro manifiesto aquí lo que he entendido ser una orden: llegaremos a la Tierra; localizaremos a nuestro representante; se le solicitará una investigación acerca de la persona que realizó la llamada y que le envíe un informe a la mayor brevedad posible; una vez en posesión de estas informaciones; estaremos de vuelta.

Pedro: Así es. Sólo que tiene que ser antes del amanecer. Son las 3:30 a.m., hora terrestre.

Agente Superior: Permiso para retirarme señor.

Pedro: Concedido. Sólo algo más. Solicite a nuestro representante que nos provea con un informe detallado de lo que ha hecho en los últimos 60 años.

Una vez fuera del despacho de Pedro, el Agente Superior comenzó a trazar sus planes. Muchos de sus agentes se ofrecieron para llevar a cabo la misión; a lo cual el Agente Superior respondió con firmeza.

Agente Superior: Yo llevaré a cabo esta misión personalmente.

—"Señor, permítame estar en desacuerdo con usted," respondió uno de los agentes. "Usted no ha estado en esos contornos ni conoce nuestro representante allá en la Tierra. En cambio, yo he estado en comunicación con él por muchos años y conozco los límites de su territorio."

El Agente Superior sonrió y acariciando la notable porción del bigote que adornaba su cara, agregó: "Yo conozco nuestro representante allá en la tierra mucho más de lo que usted puede imaginar, agente… y conozco con exactitud cada rincón de la Tierra; a diferencia de ustedes yo vengo de allá. Así que como les dije, yo llevaré a cabo esta misión. Encárguense ustedes de mantener una vigilancia estricta, y juntamente con nuestros informantes, traten de conocer los planes de Jesús, en caso de que hable con esa persona. Su llamada se espera al amanecer, así que estén muy atentos. Yo partiré de inmediato y tres de ustedes me acompañarán".

Señalando con su dedo índice escogió a tres de los agentes allí presentes quienes con beneplácito aceptaron la invitación.

Agente Superior: Partiremos ya. Usaremos el túnel del tiempo; llegaremos unos minutos más tarde, pero es mucho más seguro.

El Agente Superior estaba en lo correcto. Sus antecedentes en la Tierra lo convertían en la persona más calificada para llevar a cabo la misión asignada por Pedro.

El Agente Superior había iniciado la primera etapa de su vida en la Tierra. Nació el 20 de abril de 1889, en Austria, Alemania. Cuando niño él fue un buen estudiante en la escuela elemental, pero al llegar a la escuela secundaria se convirtió en uno de los estudiantes menos aplicados en la escuela. Su padre, quien era un hombre temperamental, no aceptaba el hecho de que su hijo no fuera un estudiante excelente y lo castigaba constantemente hasta llegar a maltratarlo físicamente en muchas ocasiones. Pero ni los maltratos ni castigos de su padre lo hicieron cambiar. En vez de un profesional, como quería su padre que él fuera, el muchacho sólo quería ser un artista.

Cuando su padre murió, él se fue a Viena, la capital de Austria-Hungary. Él quiso convertirse en un estudiante de arte, pero reprobó el examen de admisión de la academia donde quería estudiar; en dos oportunidades. Aun así, continuó pintando y con las ventas de su pintura, más el dinero de la pensión que recibía después de la muerte de su madre en 1907, vivía confortablemente durante su estancia en Viena. Él se consideraba un verdadero artista. Un talento heredado de su madre, una muchacha campesina que a los 28 años contrajo matrimonio con un oficial de aduanas de 51 años. Él fue su único hijo; aunque él tenía varios hermanos producto de anteriores y posteriores matrimonios de su padre.

Desde muchacho él se interesó en la política. Tenía mucha ideología. Él admiraba la efectividad del liderazgo y la organización del Partido Democrático en Viena. Mientras crecía, él creaba un sentimiento de desprecio por todo extranjero que vivía en lo que él llamaba su nación. Él constantemente repetía que: "ningún gobierno permanecería si éste trata a personas de diferente nacionalidad con igualdad".

En 1913, él se mudó a Múnich, Alemania. El ejército, allá en Austria, lo llamó para enlistarse, pero más tarde fue rechazado por su condición física. Cuando la primera guerra mundial comenzó en 1914, él voluntariamente aplicó en las Fuerzas Armadas de Alemania, para ser enlistado y fue aceptado.

Él sirvió valientemente en la guerra, en muchas ocasiones siendo parte de las más sangrientas batallas. Él fue herido en combate y

luego fue condecorado en dos ocasiones por su valentía. Su ejército perdió la guerra. Pero desde el hospital donde se encontraba recuperándose de una ceguera temporal debido a su exposición a gas de mostaza mientras estaba en combate, él juró que salvaría a Alemania de cualquier amenaza extranjera.
Su odio creció debido a las sanciones impuestas a Alemania por el costo de la guerra y su rechazo a las autoridades de turno era gigante. Él no aceptaba el hecho de que el gobierno actual hubiera firmado un tratado donde se hacía responsable a Alemania de las causas de la primera guerra mundial. El costo del tratado era enorme, él creyó. Al salir del hospital, después de recuperarse, se fue a Múnich y permaneció en el ejército hasta 1920. Un año antes de renunciar al ejército, ya había empezado a participar en reuniones del Partido de los Trabajadores.

Fue adquiriendo poder dentro de este partido y más tarde cambió su nombre agregando la palabra Socialista. Este partido más tarde llegó a ser conocido como el Partido Nazi. Inmediatamente este muchacho llamó a eliminar el tratado existente e invitó a que todos los germanos se unieran y formaran una sola nación y les quitaran todos sus derechos a los extranjeros.

Él movilizó las masas, lo cual le costó un encarcelamiento por traición a la patria. Desde prisión trazó sus planes: conquistar la mayor parte de Europa y aquellos territorios perdidos en la primera guerra mundial. Él constantemente culpaba a los judíos por todo lo diabólico que existía en la Tierra y los acusaba de corromper todo lo que tocaban.

Después de salir de prisión, se envolvió a tiempo completo en la política, convirtiéndose en uno de los grandes líderes. Durante las campañas para obtener el poder él usó todo el terror posible y obtuvo su propósito de llegar a alcanzarlo.

Una vez en el poder trazó su plan para llevar a la humanidad a lo que sería la Segunda Guerra Mundial. Él quería convertir a Alemania en el poder supremo del planeta Tierra. Durante la guerra, él causó más muertes y destrucción que cualquier persona o país haya causado en la historia moderna de la Tierra. Él les decía a sus soldados, "no tengan compasión", "actúen brutalmente". Él ordenó que decenas de miles fueran ejecutados, sólo por oponerse a su ideología. Y cientos de miles fueron puestos en prisión. Él particularmente persiguió a los judíos, asesinando más de seis millones de ellos y otros cinco millones pertenecientes a otras razas, los cuales él consideraba inferiores. Él conquistó y tenía en su poder la mayor parte de los territorios de la Tierra; pero su imperio comenzó a desvanecer por sus errores egocéntricos. Él rechazaba cualquier recomendación de sus comandantes y no tenía ningún respeto por ellos, causando esto la debilidad progresiva de sus ejércitos, hasta el punto de que su imperio se derrumbó frente a una coalición internacional que le hizo frente a su sanguinaria política.

En 1945, murió como un cobarde junto a su amante. Ambos prefirieron quitarse la vida en lugar de responder al Holocausto causado por ellos.

CAPÍTULO II

Viajar a la Tierra les llevó sólo 7 minutos. Una vez en la Tierra, se dirigieron a la parte norte donde se encontraba su representante y aliado. Esta vez usaban un transporte terrestre, aunque lo abordaban de manera invisible. Sin embargo, en ocasiones adquirían apariencias físicas para hacer cuestionamientos acerca de cómo localizar su punto de destino.

Eran las 4:00 a.m. cuando llegaron al área donde se encontraba la mansión en la que vivía su aliado. Vivía en una enorme mansión completamente pintada de blanco. Ésta tenía una extensión enorme hacia la parte oeste que servía de oficinas, luego seguía una enorme oficina, la cual estaba cuidadosamente decorada. Un enorme escritorio en forma ovalada se encontraba en el centro de esta oficina. Diecisiete sillas a su alrededor y unas cuantas sillas adicionales detrás de cada una de éstas. Los colores caoba se combinaban con los rayos del sol que se filtraban por las ventanas y le daban una vista aún más atractiva.

Un enorme corredor conectaba a la blanca mansión y continuaba hasta la parte este de ésta, donde también se encontraba un edificio de oficinas. En la mansión ondeaba, en el centro de su techo, una hermosa bandera de colores azul, rojo y blanco y cuyo diseño eran las barras y las estrellas. En el frente, una estructura en forma de herradura servía de escalera para dar acceso a su interior.

Muy cerca de allí se encontraban el Agente Superior y sus agentes. Se habían detenido en uno de los edificios aledaños a la blanca mansión. Se detuvieron allí inesperadamente. Fue como si esta edificación le trajera algún recuerdo al Agente Superior, quien entró cuidadosamente al edificio, y aunque no podía ser visto por los allí presentes, su rostro reflejaba cierto temor.

Su temor era bien fundado. Allí se había tomado la decisión de enjuiciarlo por el Holocausto causado por él en su tiempo terrestre. Recorrió el edificio de un extremo a otro. Un edificio enorme. Dos enormes salas de conferencias estaban en la parte oeste; una a continuación de la otra. La primera más al oeste, lucía ser una estructura completamente moderna; con una capacidad de por lo menos 435 personas, mientras que la otra no parecía más que una de esas salas decoradas anticuada y parcialmente abandonadas.

Al centro del edificio se encontraba un enorme salón en forma de rotonda y le seguía hacia el este otra estructura que lucía abandonada. Otra enorme oficina a continuación, con capacidad por lo menos para 100 personas sentadas, también estaba allí. Tres bien diseñadas escalinatas colocadas al frente del edificio servían de acceso a éste.

El Agente Superior recorría el edificio de extremo a extremo. Al llegar al extremo oeste, se encontró con 100 personas allí reunidas. Su rostro mostró una sonrisa de burla y satisfacción. Ellos discutían temas de guerras en la parte oriental de la Tierra; sin llegar a ningún acuerdo. Su sonrisa surgió cuando llegó a la conclusión, que aún después de su muerte el planeta Tierra continuaba en guerra y su satisfacción se debía a que su maldad había echado raíces y allí estaba presente.

Salió del edificio y se unió a sus agentes, quienes mientras lo esperaban observaban cada movimiento de algunos uniformados que aparentemente custodiaban el lugar.

—¿Alguna novedad señor?

Agente Superior: No, continuemos.

Se trasladaron a la blanca mansión. Una vez allí, pasaron sin ser vistos frente a unos uniformados que se mantenían mirando a cada lado. Todos tenían algo en común… un cordón blanco le salía de su pecho y se extendía hasta sus orejas. Vestían de traje y corbata.

Se dirigieron a la parte oeste del edificio y se detuvieron en la enorme oficina de forma ovalada. Estaba cuidadosamente decorada con un árbol de navidad completamente lleno de adornos. Una hermosa bandera a la salida principal; costosas pinturas adornaban sus paredes y una que otra credenza incrustadas en ellas. Un piso de mármol color crema y marrón realzaba el diseño. Al centro, un amplio escritorio de caoba con un enorme sillón de cuero, color negro. Asientos adicionales estaban colocados al frente del escritorio. Sólo una persona se encontraba allí presente cuando el Agente Superior hizo su entrada acompañada por sus agentes. De inmediato se volvieron visibles a lo que continuó un abrazo efusivo. El Agente Superior y su aliado en la Tierra lucían emocionados por el encuentro.

—¡Adolfo!, es un verdadero placer verte de nuevo; ¿a qué se debe tu visita?

Agente Superior: Para mí también es un verdadero placer Louis. Te explicaré de inmediato que nos trae por aquí. Nuestro proyecto se encuentra amenazado.

Louis: ¡Vaya vaya! una vez más necesitas mi ayuda; aún recuerdo aquella vez cuando te conocí personalmente; en el Bunker. La verdad llegué a pensar que no tendrías el valor para suicidarte; mucho menos de convencerla a ella de que también lo hiciera. A propósito, ¿cómo está ella… la has visto?

Agente Superior: Aún no. Me han dicho que la han visto en los pasillos del edificio ubicado frente al Palacio Celestial. Se para allí con frecuencia, pero no he tenido la dicha de verla. Lamento mucho que se nos haya hecho imposible llevarla al Palacio con nosotros.

Louis: Sí lo sé; y entiendo a nuestro amigo. Él prefirió no seguir insistiendo en llevarla al Palacio, ya se estaba convirtiendo en un riesgo seguir con esa idea. Además, estoy seguro de que ella correría a tus brazos y entonces hubiera sido fácil identificarlos una vez juntos.

Louis: A propósito ¿cómo está nuestro amigo Herodes?

Agente Superior: En este momento muy preocupado. Pero tú sabes que jamás se rendirá ante algún peligro. Lo que él tiene es mucho más que una obsesión. Él esta frustrado por no haber podido matar a Jesús cuando era un niño, pero cree que podrá hacerlo ahora que está cerca de él. Así que te apoyará en tus planes con tal de que se lleve a cabo el de él.

Louis: ¿Nadie ha sospechado del plagio?

Agente Superior: Aún no. Tú sabes que eso es parte de mi trabajo. Proteger su identidad y la de los nuestros por encima de todos. Lo he logrado con efectividad; como lo lograron los jefes de seguridad que me han precedido. Realmente no ha sido tan difícil por el enorme parecido de ellos.

Louis: Veo que le has sido de mucha utilidad a mi gran amigo. Realmente valió la pena corrernos el riesgo y falsificar tu identidad; y desde luego debemos agradecer a Magdalena tu aceptación en el Palacio Celestial. Aunque ya sé que ella sabe quién eres, ¿verdad?

Agente Superior: Así es. Y realmente agradezco mucho tu ayuda, allí me siento mucho mejor.

Louis: Bueno, cuéntame en qué consiste la amenaza de nuestro proyecto.

Agente Superior: Nuestro amigo recibió una llamada desde aquí alrededor de la media noche. Quien llamó insiste en hablar con Jesús. Es una persona actualmente llena de ira y frustraciones y está demandando respuestas a todo el daño que tú estás causando aquí en la Tierra. Él cree que Jesús es quien está causando todo el daño y quiere una explicación. Como tú sabrás, si él hablara con Jesús, Jesús tendría la versión real de los acontecimientos aquí en la Tierra y descubriría que todos nuestros informes han sido falsos, y lo que es peor, se descubriría lo del plagio; y, por consiguiente, nuestro proyecto sería neutralizado.

Louis: No entiendo la gravedad del asunto. Sólo basta con no pasar la llamada.

Agente Superior: Ya eso fue considerado. Pero quien llama también se comunica con la vieja María, nuestro amigo considera que ella transferiría la llamada a Jesús, si quien llama se lo pidiera.

Louis: Y ¿cómo esta persona ha logrado comunicarse con María? Pensé que nuestras comunicaciones eran seguras.

Agente Superior: No tan seguras Louis. En los últimos años hemos detectado ciertas señales que indican que nuestro sistema es vulnerable. Por más de 2,000 años los terrestres se han limitado a elevar sus plegarias, las cuales han sido captadas a través de nuestros satélites. Sin embargo, en los últimos años, hemos notado un incremento en intentos de comunicación a través de ondas directas, las cuales satisfactoriamente hemos transferido a nuestro amigo y a su equipo que a su vez han sabido manejarlas.

Louis: Claro. Entiendo perfectamente. Siempre he sospechado la existencia de intercambios de informaciones entre terrestres y los marcianos. Sólo los marcianos tenían esa tecnología.

Agente Superior: Nuestro amigo te pide que abras una investigación y localices esa persona que ha estado llamando. Una vez preparado el informe me lo entregas y esperas por sus recomendaciones. En adición a eso, nuestro amigo te ruega que le informes que tanto el proyecto ha avanzado aquí en la Tierra, en los últimos 60 años.

Louis: La investigación tomará al menos una hora. Les informaré a mis asistentes para que la inicien de inmediato. También ordenaré un reporte completo de mis gestiones aquí en la Tierra. ¿Cuál es el nombre de quién llamó?

Agente Superior: Aún no lo sabemos.

Louis: Bien, eso tardará un poco más la investigación; pero no te preocupes, obtendremos toda la información a tiempo. Ahora regreso.

El Agente Superior se acomodó en uno de los confortables muebles de la oficina oval. Sus agentes permanecieron de pie, observando cada detalle de la bien decorada oficina. Louis no tardó en regresar.

Louis: Mi buen amigo, instrucciones específicas han sido impartidas. Ya la investigación se encuentra en marcha.

Agente Superior: Como te comuniqué, nuestro amigo ruega que le informes de los avances de nuestro proyecto; desconocemos los detalles de los últimos años.

Louis: Es cierto; debido al exceso de trabajo no he podido mantenerlos a ustedes informados. Pero puedo asegurarles que sigo firme en nuestro proyecto; lograremos nuestro objetivo. Seré el rey del universo y tendré un dominio absoluto sobre éste. Y lo más importante, Jesús será culpado de todas las crueldades e injusticias causadas por mí; así pasará a ser odiado y a mí me adorarán.

Agente Superior: ¿Tienes planes concretos para lograrlo?

Louis: Así es. Los últimos años han sido de arduo trabajo. He estado concentrado en eliminar de la Tierra al 90% de sus habitantes. Ellos, de alguna manera u otra, se identifican con Jesús. Por lo tanto, representan un peligro para nuestro proyecto. El otro 10% nos sigue y nos apoya en nuestro proyecto.

Agente Superior: Tú estás hablando del 90% de los habitantes de la Tierra. Eso no me suena realista. ¿Cómo vas a lograr algo así?

Louis: Aunque suene irreal, créeme que lo lograré. Las rutinas de trabajo y el empeño que ponen los humanos en hacerse de dinero cada día se han convertido en mis mejores aliados. Jamás se detienen a pensar cómo poner en práctica métodos que tiendan a mantenerlos saludables. Esto, juntamente con los avariciosos medios de comunicación, está facilitando mi trabajo.

Agente Superior: Aún no entiendo Louis. Explícamelo de otra manera.

Louis: Claro que sí, mi amigo. Escucha. Dentro de algunos años, por ejemplo, la tercera parte de la población mundial estará padeciendo de una de mis armas más efectivas: El cáncer. Sólo en esta región de la Tierra, la cual tiene una población de algo más de 300 millones, 140 millones estarán padeciéndolo muy pronto. Actualmente estoy logrando la muerte de por lo menos 600,000 personas cada año… sólo con esta enfermedad.

Agente Superior: Pero ¿cómo es posible que estés logrando algo así? ¿Cómo están obteniendo esta enfermedad sin que se hayan dado cuenta de las causas?

Louis: Como te dije, mi amigo Adolfo, ellos sólo están empeñados en hacer fortunas y obtener bienes materiales. Ellos compran toda la porquería que se anuncia en los medios de comunicación, y es por esa vía que introduzco todos esos productos alimenticios que, si se comen en exceso causan el cáncer. Desde luego, mis fieles amigos aquí en la Tierra han contribuido mucho con mi proyecto; han creado cadenas de restaurantes de comida rápida, donde todos esos productos están siendo distribuidos. Sólo una de esas compañías, con sucursales en cada rincón de la Tierra, reporta ventas por más de 15 mil millones de dólares, que es la moneda oficial de esta región, cada año. Desde luego, mis amigos están siendo beneficiados económicamente. Ellos están viviendo en abundancia económicamente. McDonald's Corporation, por ejemplo, ha acumulado ganancias por más de 16 mil millones de dólares. Ésta, juntamente con Burger King, Kentucky Fried Chicken, Denny's y otras más, están facilitando mis metas.

Están distribuyendo el cáncer de una manera efectiva. Eso sin contar los efectos de la obesidad, que suma unas 300,000 muertes cada año a mi proyecto.

Agente Superior: Pero si mal no recuerdo, antes de mi partida de aquí, estaba en proceso una fórmula medicinal que erradicaría el cáncer. Sólo faltaba su aprobación.

Louis: Así es. La fórmula se llama Carcomax. En menos de tres meses elimina el cáncer por completo. Pero la avaricia y la indiferencia de los oficiales gubernamentales es mucho más poderosa que cualquier esfuerzo que se haga para que esta medicina entre al mercado.

A cambio de jugosas cantidades de dólares, eliminan cada posibilidad de que esta medicina sea aprobada. Todos los miembros de la familia dueña de los laboratorios que descubrieron esta fórmula, han fallecido misteriosamente, se rumora que grupos de intereses como la Asociación Médica, la Corporación de Hospitales, la Asociación de Abogados y los grupos clandestinos del gobierno, han concentrado sus esfuerzos para que esta droga no sea aprobada, aunque esto cueste asesinar a los que producirían la droga; eliminando así cualquier posibilidad de que llegue al mercado. Pero la fórmula está ahí; custodiada por un centro universitario ubicado en una ciudad al norte de esta región. El lugar se llama Massachusetts.

Agente Superior: Y ¿por qué este centro no ha logrado su aprobación?

Louis: Por temor. Temor por desaparecer como han desaparecido quienes descubrieron la droga.

Agente Superior: Ahora comprendo todo. Esto está ayudando a nuestros planes.

Louis: Así es, Adolfo. También comencé a desplegar uno de los virus más potentes creados por nosotros.

Agente Superior: No me digas que iniciaste la distribución del MECOSA.

Louis: Aún no. Ese virus es mi arma secreta. Lo usaré al final para eliminar colectivamente a los que aún estén con vida.

El MECOSA, como ellos le llaman a uno de los virus más poderosos y destructivos creados por ellos, es un método para congelar la sangre. De ahí su nombre: Método de Congelación Sanguínea. Una microscópica porción ingerida por una persona es suficiente para causar un paro cardíaco en 30 segundos. Su plan era usarlo en la etapa final de su proyecto.

Louis: Lo que saqué fue el VIH, que es el virus que causa el síndrome de inmune deficiencia adquirida. Y créeme, aunque mi plan de usarlo para amedrentar a los terrestres para que se abstuvieran de reproducirse como lo han venido haciendo, fracasó, los efectos han sido los mismos. A pesar de las cuantiosas sumas que me he gastado tratando de educarlos sobre el VIH, el contagio crece vertiginosamente.

Agente Superior: Pero ¿por qué te gastas tanto en educarlos para que no se contagien? ¿Te interesa su salud?

Louis: ¡Vamos! Adolfo. A mí no me importa la salud de ellos. Sólo quiero que le teman al virus del VIH y no se multipliquen como lo hacen. Es una forma de disminuir el crecimiento de la población y así habrá menos cuando tenga que eliminarlos a todos. Ellos se eliminarán ellos mismos mientras tanto llegue la etapa final de mi plan. Sólo por el VIH mueren más de 10 millones cada año. Si sumamos estas cifras a las muertes causadas por el cáncer y otras enfermedades como las del corazón, los efectos del alcohol, el hambre y el suicidio a causa de la depresión, dentro de muy poco tiempo la tasa de nacimiento será superada por la tasa de mortalidad y los terrestres irán desapareciendo.

Adolfo: Tú mencionaste el VIH, ¿pero ese no es el virus que causa el SIDA?

Louis: Así es.

Adolfo: Pero la cura de ese virus ha existido por muchos años. Yo recuerdo que las tropas enemigas soltaron ese virus junto al gas mostaza que neutralizó una de nuestras batallas allá en la primera guerra mundial. Los efectos de este virus y del gas mostaza a mí me enviaron al hospital por un largo tiempo. Casi pierdo la vista a causa de la debilidad que me causó ese virus. Siempre tenía vómitos, diarrea, calenturas y sobre todo mucho dolor de cabeza. Pero fui inyectado a tiempo con la vacuna contra éste y me recuperé de inmediato.

Louis: Ya lo sé. La cura siempre ha existido. Pero lo que pasa con este virus es lo mismo que pasó con la fórmula secreta para curar el cáncer. Grupos de intereses de los gobiernos mantienen en secreto la droga que neutraliza este virus. Después que estos gobiernos determinaran que ese virus predomina en las clases minoritarias y no en las elites de alta sociedad, prefirieron conservar la cura en secreto y usar el virus como un arma de destrucción masiva, en caso de que fuera necesario el uso, contra países enemigos.

Cuando uno de su gente es infectado se cura de manera "milagrosa". Pero el milagro consiste en una pequeña ingestión de la droga secreta. Sólo está al alcance de ellos.

Adolfo: Los humanos no han cambiado para nada. Dime una cosa Louis. ¿Cómo tú has sido capaz de desenvolverte en estos niveles y adquirir tantas influencias dentro de los humanos? ¿Tu identidad nunca ha sido descubierta?

Louis: La verdad no ha sido fácil. Al principio no sabía cómo llevar a cabo mis planes. Duré muchos años prácticamente perdiendo el tiempo, hasta que decidí hacer lo mismo que hizo Jesús; actuar como ellos, convivir con ellos, pensar como ellos, y adoptar sus apariencias. Ese fue el inicio de mi plan, el cual creo me está dando resultado. El plan tenía que ser perfecto.

Comencé haciéndome engendrar por un vientre humano de donde emergí como una pequeña criatura. Todo tenía que parecer auténtico.

Elegí un matrimonio respetado y de ciertas influencias en las altas esferas de la sociedad en la que vivían. Al principio me fue difícil elegirlos. Su integridad como personas, sus principios y sus valores son totalmente opuestos a mi descabellada forma de promover la maldad, pero ¿qué podía yo hacer? Tenía que ser una pareja con influencias.

Así que vine a la Tierra en forma humana. Viví una niñez y adolescencia como cualquier niño normal y completé mi educación como era de esperarse siendo hijo de una familia digna y respetada de la sociedad. Así, ya de adulto, comencé a infiltrarme directamente en las altas esferas. Aprendí el juego de la política y entendí que era este juego el que me ayudaría a concretar mis planes. No me fue difícil entrar en él pues los padres que escogí ya estaban ahí y tenían ciertos liderazgos y poder.

De inmediato puse en marcha mis planes. Me las ingenié para que me eligieran gobernador de una ciudad con cierta importancia, ubicada en la parte oeste de este país. Allí aprendí el juego de la política completamente y confirmé lo que ya había pensado; éste era el juego que había que jugar para lograr mis planes.

Mientras lo aprendí, jamás dejé de practicar mi maldad. En esa ciudad asesiné a más personas de las que habían asesinado todos los gobernadores juntos que me habían precedido. Usé esa posición para hacer fortuna y desenvolverme con facilidad dentro del ambiente. Luego usé esa fortuna y las influencias de amigos y mis padres, para alcanzar la posición en la que estoy ahora. Soy el presidente de la nación más influyente de la Tierra. Pero créeme, esto no fue fácil. Recuerdas que todo tenía que aparentar real; pero, el proceso que se usa en esta nación para elegir su primer funcionario, que es por mayoría de votos electorales donde el pueblo ejerce su poder de votar, no me favoreció. Tuve que acudir a ciertos aliados para que me ayudaran, los cuales respondieron muy rápido y me otorgaron la presidencia a través de otros mecanismos.

A propósito, ¿sabes quién me representó en ese proceso? Un descendiente directo de Herodes que se ha mantenido de incógnito aquí en la Tierra por muchos años. Eso sí, tuve que devolverle el favor nombrándolo Juez Supremo con poderes incuestionables.

Desde entonces y no antes, es cuando mis planes se pusieron en marcha con efectividad. Realmente no ha sido fácil mantener mi identidad oculta; hay ocasiones que mi verdadera identidad sale de una manera espontánea, sorprendiéndome a mí mismo. Ha habido otras ocasiones donde algunas personas han sospechado quien soy, sin embargo, me la he ingeniado para confundirlos. Pero hubo una ocasión que casi se sale de mi control. Fue en una de esas reuniones donde participan todos los gobernantes de la Tierra. Cada uno tiene la oportunidad de dirigirse a los allí presentes. Cuando mi turno de hablar llegó, lo hice con tanta energía que el olor a azufre que emana de mi cuerpo inundó el podio. Uno de los gobernantes allí presentes descubrió mi identidad cuando percibió el olor. De inmediato se lo informó a todos los allí presentes y al mundo entero a través de los medios de comunicación que cubrían el evento. Aún permanecen en mi mente sus palabras; recuerdo que dijo: "Aquí estuvo ayer el diablo; todavía se siente el olor a azufre". Me gasté una fortuna pagando a mis aliados de los medios de comunicación para que no siguieran difundiendo esas palabras. Eso sí, logré inyectarle el cáncer a ese gobernante y pronto morirá; le cobré la que me hizo. Por lo demás, casi todo me ha salido a la perfección. He colocado cada pieza en su lugar para cuando llegue el momento preciso.

Adolfo: Explícame eso Louis. ¿En qué consiste cada una de esas piezas?

Louis: Eliminaré a todos los habitantes de la Tierra. Crearé un mundo donde seré adorado, así como adoran ahora a Jesús. Él pasará a ser odiado cuando yo escriba cada capítulo de la historia. Mis maldades serán atribuidas a él mientras que sus virtudes me pertenecerán. Obtendré el crédito de cada obra buena hecha por Jesús aquí en la Tierra. Destruiré al mundo en cuestión de minutos. Luego se aceptará mi reino, así como el mundo aceptó que Judas traicionó a Jesús; exonerando a Juan de esa traición.

Adolfo: ¿Y tú crees que aún nadie sabe que Juan fue quien traicionó a Jesús, convenciéndolo que admitiera que él era hijo de Dios? Nosotros obtuvimos información concreta, allá en el Palacio Celestial, que Juan fue que traicionó a Jesús. El sumo sacerdote Caifás fue quien le pidió a Juan que convenciera a Jesús que admitiera que él era el hijo de Dios; y Jesús así lo hizo.

Louis: Por lo menos nadie lo cuestiona hoy día. Y claro, Juan siempre estuvo de nuestro lado.

Adolfo: Explícame, ¿cómo piensas destruir el mundo?

Louis: Ya construí la bomba de mayor poder que haya existido en esta tierra y lo que es mejor, ya fue puesta a prueba y sus resultados fueron asombrosos.

Louis se refería a una bomba hecha a base de fertilizante de nitrato amónico que se había fabricado en uno de los laboratorios más grandes de la Tierra; Louis le llama el Área 51. La prueba de esta bomba consistió en colocarla en el fondo de los océanos pacífico e índico, en la costa de Indonesia, y causar una detonación de sólo un 10% de su capacidad. La explosión causó un cráter enorme en el fondo del mar, causando un terremoto de una magnitud de 9 grados, provocando la muerte de más de 290,000 personas. Detonando una de estas bombas en su máxima capacidad causaría un terremoto de magnitud de 90 grados, causando un tsunami, donde los únicos sobrevivientes serían aquellos que habitan en zonas muy por encima del nivel de mar.

Louis: Esta vez creerán que hubo otro diluvio, como se creyeron que existió aquél muy famoso.

Adolfo: Sí que tienes las piezas en su lugar. Pero sólo por curiosidad, ¿por qué decidiste probar esa bomba en esa zona y no lo hiciste cerca del Vaticano? tus verdaderos enemigos hubieran desaparecido entonces y nuestra lucha hoy sería menos riesgosa.

Louis: Mi amigo, algo que he aprendido muy bien es ser calculador. Hice esa prueba en lo que yo le llamo tierra de nadie. Allí sólo viven los infelices y necesitados de la Tierra, donde lo que pasa no les importa a los poderosos del mundo. Si hubiera probado esa bomba en el Vaticano, en menos de tres horas los países poderosos, como los británicos y Francia, hubieran descubierto lo que causó el tsunami… sin embargo, como a nadie le importa la zona de nadie, mi secreto quedó cubierto.

Adolfo: La verdad que eres un genio. Deberíamos de detonar esa bomba inmediatamente y distribuir el MECOSA a través de los restaurantes de tus amigos.

Louis: Aún no amigo. Este plan tiene dos etapas y ustedes no están aún preparados para la segunda, la cual es apoderarse del Palacio

Celestial y hacer prisionero a Jesús con su ejército de Ángeles y Arcángeles.

Adolfo: Claro que sí; ya lo olvidaba.

CAPÍTULO III

Mientras tanto, los asistentes de Louis ya se encontraban haciendo sus investigaciones para determinar quién había hecho la llamada a Pedro. Se habían dirigido a una ciudad donde se encontraba la oficina principal del cuerpo de investigación de la nación. En su entrada, unas siglas (FBI) identificaban el edificio. Una vez allí comunicaron el propósito de su visita a su director — localizar de manera inmediata a la persona que había llamado al Palacio Celestial unas horas antes — las órdenes habían sido precisas y fueron emitidas por el primer ejecutivo de la nación. Pero había un problema; no contaban con ninguna pista que los condujera a la localización de quien hizo la llamada.

El director del centro de investigación reaccionó alarmado por la prontitud con la que se exigía la información y por la falta de información en el requerimiento.

Director: Señora Rice, un cambio drástico en procedimientos debe ser establecido. Los últimos 8 años han sido frustrantes para esta oficina; nuestros horarios de trabajo y nuestras agendas han estado sujetos a cambios constantes debido a las peticiones personales de tus superiores. Hemos consumido más tiempo persiguiendo a enemigos políticos de tus superiores, que persiguiendo los enemigos de la nación y del mundo. Hemos estado tratando de convencer al mundo de algo irreal, en lugar de poner a conocimiento de todos lo que realmente sucede.

Señora Rice: Ben, yo sólo he traído el mensaje, entiendo tus frustraciones, pero te aseguro habrá tiempo para manifestarlas a Louis. Provéeme ahora las informaciones requeridas y luego veré que hago.

Ben: Procederemos de inmediato. ¿Tienes el nombre de la persona que llamó?

Rice: Aún no.

Ben: ¿Qué tienen en el récord?

Rice: Sólo el tiempo en que se realizó la llamada. Ésta se realizó anoche a las 12:31 a.m. y duró dos horas aproximadamente.

Ben: Bueno, creo que no será difícil de localizar. Una llamada a esa hora y al Palacio Celestial, no es muy común. Espera un momento.

De inmediato el director abandonó su oficina dejando atrás a la señora Rice y sus acompañantes, quienes parecían ser sus guardaespaldas. Se alejaba a lo largo de un enorme pasillo mientras la señora Rice observaba con impaciencia. Una vez en un salón enorme donde grandes monitores de computadoras iluminaban el área y más de 100 operadores lucían muy ocupados operando cada una de ellas, el director entregó el requerimiento a uno de los allí presentes. Por su apariencia y comportamiento debía ser el encargado del laboratorio. Llevaba puestos unos anteojos con gruesos cristales sujetados a su cara con un látigo azul. Estaba completamente en sobrepeso; debía pesar al menos unas 400 libras y se movía de un lado a otro a pasos muy lentos, como un anciano, aunque por su cara no debía pasar de los 25 años. Llevaba una bata blanca como cada uno de los operadores allí presentes, pero se distinguía de los demás empleados llevando puesto un casco de protección color blanco, mientras los demás llevaban un casco color gris.

Una vez con la información en sus manos, el muchacho de gruesos anteojos pasó a una pequeña oficina. Sólo le tomaría segundos para identificar la llamada e identificar quien llamó.

Él puso en operación una de esas grandes computadoras en su oficina y de inmediato identificó las únicas llamadas que se habían hecho al Palacio Celestial. Identificar la llamada a Pedro fue muy fácil. Sólo una de esas llamadas había tenido éxito comunicándose al despacho de Pedro. En seguida el muchacho procedió a capturar la voz de quien llamaba e inició un proceso en el que la unidad de computadora, una vez introducida la hora de la llamada, con un rango de 1 a 3 horas, comenzaba a capturar la grabación de las llamadas, las cuales, a través de un sistema conocido como "Global Positioning System Recording", instalado secreta e ilegalmente por el gobierno de Louis, eran grabadas en aquel laboratorio. Los terrestres estaban sujetos a un espionaje constante por Louis. Las llamadas de esa región de la Tierra eran grabadas y archivadas por fecha en aquella oficina.

Sólo 54 segundos habían pasado cuando el botón rojo de la computadora, marcado con las letras REC, se activó automáticamente y una voz, aunque alterada pero pasiva, comenzó a escucharse. Era la voz de quien había hablado con Pedro.

Una vez capturada esa voz, había que determinar a quién pertenecía. Aunque ésta parecía una labor difícil, el muchacho de anteojos se llevó la sorpresa, cuando una vez obtenida la grabación e introducida en el localizador, la persona fue identificada.

El equipo de computadora cuenta con un sistema parecido al detector de huellas dactilares, donde con sólo introducir las huellas de un individuo, al cabo de unos minutos, sus datos personales son obtenidos. Así que, una vez introducida la voz en este sistema, fue fácil de identificar el sujeto. Miles de grabaciones ya existían. Todas provenían del mismo lugar.

En seguida, el muchacho accesó los números de donde provenían esas llamadas grabadas y fue fácil identificar que pertenecían a Tony, quien se encontraba prisionero en una cárcel administrada por Louis y sus cómplices. ¿Pero quién es Tony? Era la pregunta que quedaba pendiente sin respuesta.

De inmediato, el muchacho pasó la información al director, quien rápidamente se dirigió a su oficina donde la señora Rice esperaba impaciente. Le comunicó el avance de la investigación y le informó que tiempo adicional era necesario para obtener toda información pertinente a esa persona.

Rice se retiró, pero no sin antes recordarle a Ben que sólo tenían algunas tres horas para completar la información.

Ben: Tan pronto el informe esté terminado lo llevaré personalmente.

Acto seguido se puso en práctica la investigación. Nadie se movió de su oficina, donde todos cooperarían con la investigación. El centro de inteligencia de Louis mantiene una base de datos donde se graba la actividad de cada persona de la Tierra que accesa, de una manera u otra, un equipo de sistema binario. Basta con usar un teléfono, una computadora, un beeper, una tarjeta de crédito, un carro con radio digital, subir a un tren, en fin, cualquier equipo electrónico incluyendo electrodomésticos para el hogar y juegos de niños, para que la vida de una persona y sus actividades queden grabadas en el sistema de espionaje de Louis.

En sólo una hora la historia completa de Tony estaba encuadernada y camino a la blanca mansión. Todos quedaron sorprendidos cuando Ben hizo su entrada y depositó una carpeta conteniendo la historia de Tony en el escritorio de Louis, en presencia de Rice. El Agente Superior y sus asistentes permanecían invisibles y no fueron vistos por Ben ni por Rice.

Muchas gracias, Ben; muchas gracias Rice; agregó Louis. Los llamaré si los necesito.

CAPÍTULO IV

Una vez Ben y Rice se despidieron, Adolfo se volvió visible en la oficina de Louis. Sus agentes también lo hicieron.

Louis: A ver, leamos esto inmediatamente.

Tony es uno de los 65 millones de personas que se encuentran envueltas en el sistema de justicia de los Estados Unidos. Su abogada publicó recientemente en un anuncio pagado en un periódico de circulación nacional, que él está sirviendo una sentencia en prisión como un resultado de la conducta corrupta de aquéllos que han sido llamados a servir a la justicia. Esos oficiales corruptos del gobierno norteamericano, ella dice, quienes actúan, de acuerdo con ellos, basados en la constitución de los Estados Unidos y basados en las leyes creadas por el congreso norteamericano, están actuando de una manera descabellada. A ella le gustaría saber, dice el artículo, a que constitución se refieren esos oficiales corruptos o cual congreso es ése. Porque es difícil entender, cómo su sensibilidad acerca de lo que es correcto e incorrecto puede ser tan diferente a la de los fiscales, jueces y oficiales del sistema de justicia; cómo las acciones de esos oficiales han ido tan lejos, que mientras el país se hunde en la más profunda crisis económica debido a la necesaria guerra contra el terrorismo y los terroristas, esos oficiales, dirigiendo el Departamento de Justicia, están creando terror y la nación no está haciendo nada para impedirles a esos oficiales actuar tan ultrajantemente; y que si la sociedad no hace nada ahora, la imagen de la nación estaría empañada por siempre.

Tony Parker fue objeto de una investigación encubierta iniciada por EL DORADO TASK FORCE. Lo que el abogado de Tony calificó como una banda criminal formada por personal del

Departamento de Aduanas de los Estados Unidos; Agentes del Departamento de Impuestos Sobre la Renta y miembros del Departamento de Policía de la ciudad de New York; respondiendo a grupos de intereses y con el claro objetivo de servir a las compañías líderes de la industria de envío de dinero — Western Union y Money Gram — Respondiendo a la fuerte influencia en Washington de esos gigantes de la industria, el Dorado Task Force inició lo que ellos llamaron "Operation With-Drill". Esta operación consistió en seleccionar para ser investigadas compañías de envíos de dinero cuyos dueños tuvieran antecedentes étnicos. Crearon también lo que llamaron "Geographical Targeting Order" ("GTO"), la cual consistía en una orden dada por la Secretaría del Tesoro de los Estados Unidos para seleccionar e investigar a compañías que estuvieran sirviendo específicamente a las comunidades dominicana y colombiana de New York. Ellos hicieron un estudio de todo el dinero que era enviado a la República Dominicana y a Colombia; lo alteraron con números imaginarios y luego lo complementaron con la cantidad de dinero generada por unas comunidades muy trabajadoras de la ciudad de New York. Los dominicanos y los colombianos.

Inconcebible, mientras las estadísticas revelan que Western Union y Money Gram tenían el 97% del mercado en el negocio de envío de dinero, el Dorado Task Force seleccionó para ser investigados sólo esos pequeños negocios principalmente de dominicanos y colombianos, que eran parte del restante 3%.

Sin embargo, después de una larga investigación y $400,000 pagados a un informante llamado Julio Luna, quien cometió perjurio en la Corte del Distrito Sur de Manhattan en la ciudad de New York en el caso Narciso Ortiz v. United State, 95-Cr-91(RJW), el gobierno no pudo obtener ninguna evidencia que conectará a Tony en alguna actividad ilegal. Pero sin evidencias, el gobierno acusó falsamente a Tony de haber violado las leyes de lavado de dinero de los Estados Unidos. Tony fue arrestado por el gobierno federal de los Estados Unidos y llevado a un juicio en frente de un jurado.

Así, después de repetidas violaciones a los derechos constitucionales de Tony; los $400,000 pagados a un informante corrupto quien nunca fue presentado en la corte para ser enfrentado a Tony, aunque el gobierno alegaba que él ofrecería pruebas contra Tony; el testimonio falso de Hendrix Tavares quien se convirtió en un informante del gobierno americano después de ser encontrado culpable en el distrito sur de Manhattan de lavado de dinero; después de que el gobierno alterara cintas de grabaciones alegadamente donde Tony era un participante; después de incluir secretamente en el jurado del juicio contra Tony un policía de la ciudad de New York; después del falso testimonio de una agente del Servicio Secreto de los Estados Unidos quien testificó acerca de unos análisis que nunca había realizado; después de no permitir que Tony presentara algún testigo en su defensa; después de impedirle a Tony que testificara, debido a que la jueza que presidía el caso alegó que ella se encontraba muy enferma y que quería terminar ese juicio lo más rápido posible; y después de que Charles A. Ross, de la firma de abogados Brafman & Ross, ofreciera la más inefectiva representación en un caso criminal, el jurado encontró a Tony culpable de los cargos imputados.

CAPÍTULO V

Como todos los presos en el sistema de justicia en los Estados Unidos, Tony se dio cuenta de cuan ineficiente había sido su abogado después de haber perdido el juicio. Entonces comenzó a contactar otros abogados y a visitar la librería de leyes de la institución donde se encontraba prisionero. Les dedicaba por lo menos 10 horas al día a los textos legales, tratando de familiarizarse con las leyes lo más rápido posible. Su familia lo apoyó tanto financieramente como emocionalmente durante este proceso.

Tony contrató otro abogado. Tuvo que usar los ahorros de su esposa y los fondos escolares de sus hijos para pagar el nuevo abogado. Éste se comprometió a ayudarlo y prometió que Tony estaría cenando con él y su familia el día de la sentencia, porque el caso sería anulado, o por lo menos tendría la oportunidad de un nuevo juicio, debido a que no había suficiente evidencia para comprobar su culpabilidad y debido a nuevas evidencias que se estaban obteniendo en una investigación del caso. Tony se comunicó con su familia dándole la "buena nueva". Ellos pusieron todo el dinero junto y le pagaron entonces al abogado.

Llegó el día de la sentencia. Ese día todos los miembros de la familia de Tony estaban allí al igual que sus amigos. Sin embargo, todos se sintieron muy decepcionados. El juez sentenció a Tony a servir 292 meses de prisión en una prisión federal ubicada a más de 600 millas lejos de su hogar.

Su abogado siguió haciendo promesas con relación a las posibilidades de su apelación.

Más tarde, su abogado comenzó a negarse a tomar las llamadas que le hacía Tony. Mientras tanto, Tony se preparaba estudiando para convertirse en para legal y así poder aportar más a su caso.

La corte de apelaciones fijó una fecha para que la moción de la apelación fuera sometida, acompañada de los respectivos argumentos. Sin embargo, su abogado no sometió una apelación a tiempo y cuando lo hizo no incluyó los argumentos legales, que había indicado Tony y que, debido a la clara violación de la ley, lo pondrían fuera de la cárcel.

La corte de apelaciones negó la petición del abogado y para entonces, y después de comunicarse con su abogado, Tony comprendió que su abogado no se había familiarizado con el caso y mucho menos había hecho las investigaciones necesarias como él había prometido y como Tony le había pedido. Tony le hizo ciertas preguntas del caso, acerca de ciertos hechos que estaban en el récord y su abogado no tenía idea de qué Tony le estaba hablando. Tony despidió a su abogado.

CAPÍTULO VI

Tony estaba enfrentándose solo a unos tiempos y circunstancias muy difíciles. Pero, no obstante, él tomó una sabia decisión.

Después de completar un proceso complicado debido a estar encarcelado, Tony logró registrarse en la Escuela de Para Legal de la Universidad Ashworth y así inició sus estudios. También asistía todos los días a la librería de leyes que como costumbre lo había hecho desde que había llegado a la prisión.

Cuatro años pasaron al cabo de los cuales Tony adquirió una certificación en estudios para legales y una especialidad en Litigaciones Civiles. Así llevó a cabo una tarea ardua la cual le permitiría enfrentar las garras del sistema de justicia de los Estados Unidos.

Ya como para legal, consiguió reabrir su caso y regresó a la corte a través de una petición de habeas corpus. La corte del distrito sur de Manhattan le otorgó el derecho de una audiencia donde tendría la oportunidad que él nunca había tenido, y que consistía en interrogar al testigo principal del gobierno, Hendrix Tavares, un informante dispuesto a mentir a cambio de ciertas concesiones que le habían prometido unos policías corruptos y un fiscal irresponsable. Tony también tendría la oportunidad que el juez del caso escuchara su versión de los hechos.

La audiencia comenzó a las 10:00 a.m. El salón de la corte estaba completamente lleno. La familia de Tony estaba allí presente, así como algunos amigos. Los reporteros de la corte se encontraban allí, así como el secretario y uno que otro miembro del personal de la corte. Un grupo de jóvenes estudiantes de leyes también se hizo presente en el salón. Desde luego, el fiscal también estaba allí acompañado de los policías que participaron en la investigación del caso.

El salón de la corte estaba helado. La temperatura debió haber estado por lo menos en los 40 grados Fahrenheit. Aun así, Tony sudaba y sus manos temblaban. Él nunca esperaba enfrentar este tipo de responsabilidad, en donde su vida y la de su familia dependían de él en ese preciso momento. Pero allí estaba; justo ahí, en frente del juez, frente a su familia, peleando por su vida y la de ellos. Esa situación lo volvía mucho más nervioso.

El juez, desde la parte de atrás de su escaño, en un tono bien alto y completamente claro dijo: "Sr. Parker, ¿listo para proceder?".

Tony: Sí, Su Señoría. El apelante pide que se presente como testigo al informante del gobierno, Hendrix Tavares.

El fiscal se levantó bruscamente de su asiento y objetó. Era un hombre joven, un hijo de papi y mami quien había salido de la escuela de leyes y se había envuelto en el sistema de justicia inicialmente como un secretario y sólo en unos meses de estar allí se convirtió en un fiscal del gobierno de los Estados Unidos. Probablemente mami y papi habían hecho una llamada para ayudarlo. Su nombre era Solimán; Edward Solimán. Un hombre de raza blanca de baja estatura, que llevaba puestos unos espejuelos bien grandes de gruesos cristales. Y vestía traje azul con una camisa blanca y corbata roja.

Solimán: "Su Señoría, como explico en la moción oponiéndome a la petición del apelante, le comunico a la corte que me opongo rotundamente a esa petición".

Tony había sometido una moción a la corte no sólo requiriendo una audiencia, sino también requiriendo a la corte que instruyera al gobierno que produjera su informante para ser interrogado por Tony en la corte. El gobierno escribió un memorándum oponiéndose a esa petición y aunque la corte otorgó la audiencia, no tomó ninguna decisión en relación con el testigo. La corte determinó que Tony tendría primero la oportunidad de demostrar a la corte razones suficientes para que el informante del gobierno, Hendrix Tavares, tuviera que ser presentado como testigo.

Así también el gobierno tendría la oportunidad de demostrar que no era necesario presentar al informante Hendrix Tavares.

Tony: "Su Señoría, como especifico en mi petición, yo espero obtener evidencias contundentes a través de un interrogatorio al informante Hendrix Tavares. El informante Tavares fue el principal testigo del gobierno en contra de mí durante el juicio y yo soy de la posición que debido a la ineficiencia del abogado que me representó durante el juicio, el informante Tavares no fue interrogado debidamente. Yo entiendo que es de sumo interés para esta corte que se resuelva este caso y que la justicia prevalezca. Yo sugiero, Su Señoría, que sin la presencia del informante Hendrix Tavares y sin la oportunidad de que sea interrogado por mí, esta corte no estará en capacidad de hacer justicia".

La Corte: ¿El gobierno tiene algo que agregar?"

Solimán: "Sí, Su Señoría. Además de las diferentes razones que están contenidas en el memorándum en contra del apelante, es nuestra posición que, a este punto, casi diez años después del juicio, la memoria del testigo Tavares podría estar afectada".

Tony: "Su Señoría, este caso es producto de una vieja investigación y el juicio se llevó a cabo bastante tiempo atrás. Muchos años pasaron antes que comenzara el juicio, y de acuerdo con el testimonio del informante Hendrix Tavares, él recordó muy bien todos los hechos. Yo sugiero que el informante Hendrix Tavares ha mostrado que él tiene una buena memoria".

El juez emitió una sonrisa.

Tony: "La sugerencia del gobierno es pura especulación y ésta debe ser negada, Su Señoría".

La Corte: "Okay, es suficiente. La sesión termina hasta mañana a las 10:00 a.m.; el gobierno tendrá que producir al testigo".

Tony pidió a los agentes que lo acompañaban que le permitieran hablar con su esposa y sus hijos. Él quería explicar a su familia lo que realmente había sucedido allí. Los agentes se lo permitieron.

Tony regresó a la celda. Lo que había pasado en la corte no era lo que él había estado esperando, pero no había sido tampoco lo contrario. Se sintió satisfecho de todas maneras; le había ganado una batalla al gobierno. Pero también estaba consciente que una tarea muy difícil lo esperaba. Su propósito era demostrar a través de la interrogación del informante Hendrix Tavares, que Tavares había mentido durante todo el proceso del juicio. También sabía que debía descansar y se acostó hasta las 4:00 de la madrugada cuando un oficial correccional abrió su celda.

Ya en la corte…

Secretario: "Todos parados, por favor. La corte entra en sesión por el día de hoy. La Jueza Laxy presidirá el caso United State vs. Tony Parker".

El gobierno se la había ingeniado para asignar un juez de su preferencia; ahora la jueza Laxy presidiría el caso.

Corte: "Señor Parker, ¿está listo para proceder?"

Tony: "Sí, Su Señoría. El apelante pide como testigo al informante Hendrix Tavares".

El secretario de la corte le tomó el juramento al testigo. Tony estaba listo para proceder. Tenía en su mente una gran cantidad de preguntas que hacerle al informante, y aunque se había estado preparando por mucho tiempo para ese momento, su nerviosismo era obvio y se le hacía difícil comenzar el cuestionamiento. Pero finalmente lo hizo.

Tony: "Buenos días, Hendrix. Yo pienso que no es necesario que nos presentemos; nos conocemos hace mucho tiempo, ¿verdad?"

Informante: "Así es".

Tony: "Señor Tavares, usted ofreció un testimonio muy extenso durante el juicio en mi contra; usted estuvo aquí en este mismo salón ofreciendo su testimonio por cerca de tres días. El gobierno le hizo muchas preguntas y usted le dio muchas respuestas. Usted probablemente está muy familiarizado con todas esas preguntas, ¿verdad?"

Tavares: “Así es. Yo contesté muchas preguntas, y sí; estoy familiarizado con esas preguntas”.

Tony: “Hoy yo le voy a hacer más o menos las mismas preguntas que usted contestó anteriormente”.

Tony: “Sr. Tavares, ¿usted testificó durante el proceso que usted no había tenido ningún tipo de participación en la conspiración de lavado de dinero en la cual el gobierno lo acusó?”.

Tavares: “Así es”.

Tony: “Fue su testimonio que Tony Parker era quien estaba corriendo esas actividades ilegales y que usted no sabía nada de eso, ¿correcto?”.

Tavares: “Así es”.

Tony: “Usted describió cada paso de la supuesta conspiración y le explicó al jurado cómo la conspiración trabajaba; cómo se llevó a cabo. Usted explicó quién estaba envuelto; quién era el encargado; quién era el líder; cómo era recibido el dinero; quién recibía el dinero y quiénes eran los narcotraficantes. Usted nombró cada una de las personas que alegadamente estuvieron participando en la conspiración. Usted también le explicó al jurado la forma cómo el dinero era estructurado para evadir los reportes gubernamentales. ¿Usted recuerda esas preguntas, señor Tavares?”.

Tavares: “Sí”.

Tony: “Ahora, señor Tavares, ¿alguna vez habló usted con Tony acerca de la conspiración, de cómo ésta trabajaba?”.

Tavares: "No".

Tony: "¿Habló usted con alguien más acerca de cómo trabajaba la conspiración?".

Tavares: "No".

Tony: "¿Usted nunca tuvo conversación con nadie acerca de en qué consistía la conspiración en la compañía Dinero Express?".

Tavares: "Nunca".

Tony: "Okay, déjeme preguntarle esto señor Tavares, ¿usted se declaró culpable de lavado de dinero frente al Juez Markison, aquí en esta misma corte?"

Tavares: "Sí".

Tony: "Usted se declaró culpable basado a un acuerdo de cooperación con el gobierno, ¿correcto?".

Tavares: "Así es".

Solimán: "Su Señoría, sugiero que el apelante haga su pregunta".

Corte: "Le sugiero que haga su pregunta, señor Parker".

Tony: "Señor Tavares, si usted no estuvo envuelto en la conspiración; si usted no tuvo ningún tipo de comunicación con algún miembro de la conspiración, acerca de cómo funcionaba todo. ¿Cómo usted explica con tanta confidencia al jurado cómo se llevó a cabo la conspiración? Usted conoce muy bien a todos los narcotraficantes; ¿cómo sabe usted acerca de todo el dinero que se manejó en la conspiración?, ¿cómo conoce a los que participaron? ¿cómo conoce como trabaja todo? ¿Puede explicar eso a la corte, señor Tavares?".

Tavares: "Bueno… bueno…"

Tony: "¿Por qué usted se declaró culpable si usted no sabía nada de la conspiración?".

Tavares: "Usted sabe, bueno…eh…bueno…usted sabe…".

Solimán: "Su Señoría, pedimos un receso a la corte".

Corte: "Conteste la pregunta señor Tavares".

Tavares: "Mi abogado me dijo…usted sabe…".

Tavares lucía completamente nervioso y miraba constantemente a la mesa del fiscal y a los policías, como esperando que fueran a su auxilio. El nerviosismo era evidente.

Tony: "No mire la mesa del gobierno; conteste la pregunta".

Tony: "Si usted no tiene nada que ver con la conspiración, ¿por qué conoce tan bien cómo funcionaba la conspiración?".

Tavares: "Yo hablé con… y él me dijo…".

Tony: "No señor, usted dijo hace un momento que usted no había tenido conversación con nadie que tuviera que ver con conspiración. ¿Cómo sabía acerca de la conspiración señor Tavares?".

Tavares: "Ellos me dijeron… que mintiera y te acusara".

Tony: "¿Quiénes son ellos?".

Tavares: "El señor…él me dijo…".

Solimán: "Su Señoría, pedimos un receso a la corte".

Corte: "Conteste la pregunta, señor Tavares".

Tavares: "Yo realmente necesito hablar con el gobierno".

Tony: "Estamos esperando una respuesta, Su Señoría".

Hubo un corto silencio en la corte. Nadie habló, todos esperaban la respuesta del testigo, pero él no contestaba la pregunta.

Tony: "Puedo ver que usted no está en capacidad de contestar esas preguntas, señor Tavares. Le voy a hacer otras preguntas".

Tony: "Señor Tavares, muchas personas fueron mencionadas durante el juicio. Le voy a mencionar todos esos nombres aquí de nuevo". "Tavares, Juan Carlos, Janet, Ivet, Aridio, Jocelin, Madelin, Alberto, Liriano, Tito, Enna, Charo, Rafael y Louis".

Tony: "De acuerdo con su testimonio todas esas personas estuvieron envueltas en la conspiración, ¿correcto?".

Tavares: "Sí".

Tony: “Todos son miembros de su familia, ¿correcto?”

Tavares: “Sí”.

Tony: “No tengo más preguntas Su Señoría. Sin embargo, quiero pedir a la corte que de acuerdo con el testimonio del testigo aquí hoy, es obvio que el testigo mintió durante todo este proceso. Yo sugiero que nadie en este salón tiene duda hoy acerca de las mentiras de ese testigo. Le pido a la corte que el caso sea anulado y el testigo acusado de cometer perjurio. Hay muchas probabilidades que, si mi abogado hubiera hecho el interrogatorio debido, el jurado me habría encontrado inocente de los cargos que se me hicieron. El apelante descansa, Su Señoría”.

La Corte: “¿Tiene algo el gobierno que agregar?”.

Solimán: “Sí Su Señoría, el gobierno deja en mano de la corte cualquier determinación con relación a esta audiencia. El gobierno descansa, Su Señoría”.

Corte: La corte ordena que el caso sea anulado inmediatamente y el señor Parker liberado de prisión. Con relación al testigo, la corte encuentra que cometió perjurio, por consiguiente, la corte instruye al gobierno que proceda de acuerdo con las leyes. El testigo tiene derechos.

La manipulación al sistema no le sirvió al gobierno. La Jueza Laxy decidió a favor de Tony.

Solimán: “Señor Tavares, usted queda bajo arresto y tiene el derecho de permanecer callado…”.

El informante Hendrix Tavares, diez meses más tarde regresó a la corte como testigo en contra de los policías que llevaron el caso. El agente y sus ayudantes fueron acusados de interferir en una investigación del gobierno y fabricar evidencias en contra de Tony y fabricar testigos falsos.

Adolfo: ¿Qué sucedió después con Tony?

CAPÍTULO VII

Tony regresó a prisión. Ahora por un período de tiempo de tan sólo un día. La jueza que presidió el caso ordenó que regresara a prisión para cumplir con las formalidades del departamento de prisiones. Al siguiente día fue liberado. Una vez fuera de allí, donde había pasado los últimos 11 años de su vida, sintió cierta ansiedad cuando se volvió a ver las instalaciones. Sintió como que mirando atrás arriesgara su libertad. Pero observó las instalaciones y grabó en su mente cada detalle mientras caminaba hacia el área de estacionamiento, donde una oficial de la prisión lo esperaba para transportarlo al aeropuerto, en Cleveland, Ohio. El vuelo estaba previsto para partir a las 11:55 a.m. y llegar al aeropuerto Kennedy, en New York a las 2:15 P.M. Mientras conducía, ella le mostró su apoyo. Le dijo: "sabes qué, Tony, yo estoy contenta de que lo lograras". "Buena suerte". "Yo sé que tú eres una buena persona; tú me lo demostraste con el gran respeto que le tuviste al equipo de trabajo de nuestra unidad". Con lágrimas en sus ojos, Tony sólo dijo: "Te voy a extrañar". Ella tocó su mano izquierda y agregó: "Yo sé que lo harás". Y mientras estacionaba el carro cerca de la puerta de salida número 23 de la línea aérea American Airline, agregó: "yo también te voy a extrañar". Ella volvió a tocar sus manos y por unos minutos se miraron a los ojos, como si algún sentimiento dormido y hasta ese momento desconocido para ellos, estuviera despertando. Sólo se dijeron adiós.

Tony sí la iba a extrañar. Tenía suficientes razones para hacerlo. Era una muchacha esbelta de unos 25 años y unos 5'6" de estatura cuya piel bronceada combinaba con su cabellera, que descansaba en sus hombros. Unos hermosos ojos azules adornados por pestañas doradas embellecían su rostro siempre sonriente, mostrando su blanca dentadura y sus carnosos y húmedos labios.

Pero su hermosura era superada por su belleza interior. Era capaz de aceptar a quien era rechazado; capaz de entender a quien no era comprendido; capaz de hacer sonreír a alguien en medio de su tristeza; capaz de hacerte sentir libre aun estando en prisión. Era sencillamente una muchacha especial. Ella había dado a Tony motivos para sonreír, cuando Tony no podía lidiar con su dolor.

CAPÍTULO VIII

El vuelo 0407 no tuvo demora alguna. Despegó a las 12:06 minutos, mientras las azafatas anunciaban el destino final del vuelo. Por la mente de Tony pasaron una serie de pensamientos, los cuales le hicieron comprender que estaba libre. Una vez en su asiento, 19B, sus pensamientos fueron interrumpidos. Una atractiva dama de unos 30 años o algo más se acomodó en el asiento continuo y lo miró a los ojos, quizás esperando una introducción formal. Finalmente, Tony comprendió y dijo: "¡Hola! mi nombre es Tony". "Un placer", contestó ella y agrego: "Mi nombre es Roanne. Espero que tengamos un viaje placentero."

Tony: Espero que así sea ¿Tú eres de New York?

Roanne: Sí, soy de New York. Voy de regreso a la ciudad después de un viaje de trabajo. Estuve atendiendo a unas audiencias públicas en Cleveland; mi jefe pensó que era valioso que participara en esas audiencias. Trataban de un tema que tiene mucha prioridad dentro de nuestra organización; JUSTICIA.

Tony: ¿Dijiste justicia?

Roanne: Así es. Nuestra organización se llama Innocence Project. Estamos enfocados en la cantidad de personas que se encuentran en prisión siendo inocentes de los cargos criminales de los que los han acusado. Principalmente aquéllos que están enfrentando la pena de muerte. En los últimos 10 años, hemos asegurado la libertad de 292 reclusos, después que las pruebas de ADN demostraron que ellos eran inocentes. Pero aún después de esos resultados, continuamos teniendo dificultades para continuar con el proyecto. La indiferencia al problema por parte del sistema de justicia es cada vez más latente. Inexplicablemente, y a petición de los abogados del gobierno, las cortes nos niegan el permiso para reexaminar evidencias de casos de otros presos, potencialmente inocentes.

Hubo un silencio. Pareciera como que Tony no estuviera prestando atención a Roanne. Pero finalmente habló.

Tony: Yo sé a qué se dedican ustedes.

Ella tomó su maletín y sacó de su interior una tarjeta de presentación y se la pasó a Tony.

Tony: Yo no tengo tarjeta.

Roanne: ¿A qué te dedicas?

Tony: Bueno, en los últimos años no he hecho prácticamente nada para vivir. Pero te aseguro que he hecho de todo para poder sobrevivir a la situación en la que me encontraba. Acabo de salir de prisión; voy vía a mi casa; en New Jersey, donde me esperan mi esposa y mis hijos.

Hubo un silencio repentino.

Tony: No te preocupes, no soy una mala persona.

Ella finalmente limpió su garganta y pronunció unas palabras.

Roanne: Lo siento.

Tony: Está bien.

Tony: Yo pude haber sido uno de tus proyectos. Les escribí a ustedes unos años atrás pidiendo ayuda para probar mi inocencia. Ustedes contestaron que su prioridad eran casos donde los acusados se encontraban en el corredor de la muerte y que como mi caso no era uno de esos, no estaban disponibles para ayudar. Me tomó mucho tiempo, pero logré probar mi inocencia. Aquí estoy, libre, al lado de una muchacha muy hermosa.

Roanne: La verdad no sé qué decir; no sé si disculparme o felicitarte.

"Cualquiera de las dos opciones estará bien para mí" dijo Tony sonriendo.

Roanne: Te felicito. Me alegra que lo hayas logrado. La verdad es que no es fácil hacerlo.

Durante el vuelo, Tony le hizo un resumen del juicio criminal que se le hizo. Le explicó cómo unos fiscales corruptos y una banda de delincuentes llamada el Dorado Task Force, cometieron diferentes crímenes para obtener su culpabilidad. Entre esos crímenes hubo perjurio, obstrucción a la justicia e intimidación a testigos. La investigación del caso fue fundada en discriminación y racismo. Tony le explicó a Roanne como él había establecido una de las empresas líderes en el mercado de remesas, en el área metropolitana de New York y como ésta fue destruida por el gobierno para favorecer a Western Union y a MoneyGram. También le explicó como los policías falsificaron las cintas de grabaciones y como esos mismos policías, finalmente se vieron envueltos en el sistema acusados de cometer diferentes delitos.

El vuelo llegó a tiempo al JFK. Roanne se mostró muy encantada de haber conocido a Tony; le pidió que se mantuvieran en contacto, recordándole que tenía su número de teléfono en la tarjeta.

CAPÍTULO IX

El fantasma lo seguía a cada instante. Aunque había demostrado su inocencia ante las cortes, la sociedad continuaba condenándolo. Cada día era más difícil para él. Día tras día salía en busca de trabajo para poder sostener a su familia. En ocasiones pareciera que ya lo habían escogido, pero sorpresivamente, después de chequear sus antecedentes, que incluía el juicio que se le siguió, esto contenido allí de una manera ilegal, su aplicación era rechazada.

Ocho meses habían pasado desde su liberación. Pero continuaba siendo un prisionero de la inconsciencia y el prejuicio de la sociedad. Se sintió solo y sólo contaba con el apoyo de su esposa y sus hijos, quienes se habían hecho cargo de su soporte económico y emocional. ¿Amigos? Ya habían desaparecido antes de su salida de prisión.

Una mañana, pensó haber encontrado la solución. Recordó la tarjeta de Roanne. Ella sí podría ayudarlo sin que prejuicio alguno lo impidiera. Y así fue; Roanne se mostró muy contenta al escucharlo.

Roanne: La verdad, tú no lo vas a creer. He estado hablando de ti cada semana a partir del día que nos conocimos. A pesar de que no te comenté nada en el avión, cuando me dijiste que habíamos rechazado tu caso porque no era un caso de pena de muerte, y que habías probado tu inocencia por ti mismo, lo primero que pensé fue como convencer a mis superiores para que nuestra organización extienda el proyecto a todos los casos criminales, sin importar qué sentencia esté enfrentando el acusado. Por muchos años he escuchado que más de 400,000 presos están sirviendo condenas en los Estados Unidos siendo inocentes y otros 450,000 están sirviendo condenas por encima de lo que manda la ley. A parte de eso, más de 10,000 personas van a las cárceles siendo inocentes, cada año. Yo también hice mis análisis y quedé aterrada con una sola información que obtuve del Internet. 97% de los acusados enjuiciados son declarados culpables por un jurado. Para mí eso no es razonable. Cuando dos partes se enfrentan en un tribunal, no importa en qué campo lo hagan, los resultados deben ser más razonables, por lo menos 50% y 50%; no 97% y un 3%. Es obvio lo que está pasando en este sistema.

Tony: Eso es lo que necesitamos, Roanne. Gente que se detengan a ver la realidad. No debemos aceptar la versión de los fiscales y policías sin que éstas sean sometidas por nosotros a análisis más profundos. Es difícil entender por qué, pero policías y fiscales mienten constantemente por conseguir una culpabilidad. Presentan testigos falsos; falsifican evidencias; alteran evidencias. Lo que te digo te lo digo por experiencia propia. Yo lo viví. Drew Houlihan, uno de los oficiales a cargo de la investigación en el caso que me fabricó el gobierno, mintió en por lo menos 5 ocasiones que yo puedo probar. Y lo más grave aún, falsificó varias de las grabaciones del caso y éstas fueron clave para que el gobierno convenciera al jurado que me encontrara culpable. Te puedo referir específicamente a la cinta de grabación número 104, como un ejemplo. Encontrarás cómo la alteraron, y qué tan podrido está este sistema, y qué tan corruptos son sus oficiales. Hay expertos que te pueden corroborar lo que te digo, sólo tienes que pedirle que analicen las cintas de grabaciones.

Me agrada la idea de que ustedes pasen a cubrir todos esos casos. Pero recuerda algo, Roanne, no se trata sólo de liberar a los inocentes; también se debe condenar a los culpables. Y esos fiscales y policías y los testigos falsos son culpables de destruir vidas, familias enteras a base de falsedades y en violación de la ley. Eso también es un crimen; peor que los cometidos por los que ellos llaman delincuentes, porque ellos conocen la ley. Mientras no se les condene severamente seguirán cometiendo crímenes. Este es el único país donde he visto que se cometen crímenes para detener a los criminales. Y así de paso caen los inocentes.

Roanne: ¿Por qué no cenamos juntos para continuar esta conversación?

Tony: Me encantaría, Roanne, pero la verdad tengo otras prioridades ahora. Aún estoy sin trabajo y es la razón por la que te llamé. Sólo quería pedirte que recibieras mi curriculum vitae por si se presenta alguna oportunidad de trabajo en la que tú me pudieras recomendar; sé que no me conoces bien, pero jamás te defraudaría.

Roanne: Perfecto, esa es otra razón para que cenemos juntos. Precisamente tengo una reunión con unas personas que se han interesado en financiar nuestro proyecto. Yo estoy segura de que, una vez logrado este financiamiento, necesitaremos recursos humanos. Ahí podrías tú encajar. Trae tu curriculum vitae contigo. La reunión es mañana en la noche, a las 9:00 P.M. Llámame mañana para darte la dirección.

Tony: ¿Qué te parece si te llamó a las 6:00 P.M.?

Roanne: Perfecto.

Tony: Okay; te llamo.

Roanne: Bye, Tony.

CAPÍTULO X

Tony abrió una de las gavetas de un pequeño escritorio, sacó una de las tantas copias del curriculum vitae que había preparado y lo leyó cuidadosamente, dejándose caer en un sillón marrón colocado frente al escritorio, como convencido de que sus esfuerzos habían sido en vano.

Tony había estudiado varias carreras universitarias y participado en programas de especialización en universidades de prestigio en los Estados Unidos. También tenía una vasta experiencia en los negocios aparte de que era fluente en varios idiomas. Pero ¿de qué le servía todo eso? Continuaba viviendo en una sociedad que seguía condenándolo aun después de demostrar su inocencia. Y he aquí, se encontraba sin un trabajo decente para sacar adelante a su familia. No obstante, le quedaba esa chispa que le impulsaba a seguir adelante. Su esposa y sus hijos.

Ya rendido por el cansancio, subió a su recamara y se tendió en la cama al lado de su esposa. Ella le acarició la cara y se acomodó en sus brazos.

En la mañana, llevó a sus hijos a la escuela y regresó a la casa a despedir a su esposa, quien tenía que ir a su trabajo. El día continuó sin ninguna novedad. No era un día diferente a los anteriores, sólo que aquel viernes se reuniría con Roanne y por alguna razón se encontraba con la esperanza de dejar de ser un desempleado.

A las 6:00 P.M. llamó a Roanne como habían acordado. Ella le comunicó que se reunirían a las 8:30 y le indicó la dirección del lugar.

A pesar de la rapidez con que se alistó para salir a tan esperado encuentro, esa noche Tony lucía impecable en su traje azul oscuro, matizado por el rojo y el celeste de una corbata anudada sobre una camisa blanca. Cerraban su elegancia unos lustrados zapatos negros, sus finas gafas de antaño y un perfumado pañuelo blanco que desbodaba el bolsillo superior del saco.

Tony tomó la ruta 4 hasta la salida de Hackensack, para llegar hasta un restaurante localizado muy cerca de su casa, en New Jersey. Ocupó tan sólo 15 minutos en llegar hasta allí, más otros 10 para encontrar donde aparcar. El restaurante operaba dentro de un centro comercial muy diverso, con parte del estacionamiento designada exclusivamente para los clientes del restaurante, donde una verja lumínica de unos 3 pies de altura la separaba de un bosquecillo ubicado en la parte posterior del restaurante.

Aunque Roanne le dijo que se reunieran a las 8:30 de la noche, Tony llegó al lugar a las 8:00. Una vez allí, se sentó en el bar del restaurante y pidió un té con limón que extrañamente era servido en el bar. Pensó permanecer allí hasta que Roanne llegara, pero se sorprendió al voltear y ver a Roanne acompañada de dos personas; que le hacía señas para que se acercara a la mesa. Todos habían llegado temprano a la cita.

Tony: ¡Hola Roanne! ¿Cómo estás?

Roanne: Bien, bien. Mira, te presento al señor Gabriel.

Tony: Un placer, mi nombre es Tony, Tony Parker.

Gabriel: El gusto es mío.

Roanne: Su esposa Sarah.

Tony: Hola Sarah, un placer.

Sarah: Mucho gusto; siéntese por favor.

Roanne: Les he hablado ya a Gabriel y a Sarah de ti. Pero no hemos abordado la razón por la que nos encontramos aquí esta noche. Nos hemos pasado estos minutos hablando de ti y de lo acogedor que es este lugar.

Ciertamente, el lugar era encantador. Un restaurante brasileño famoso por su variedad de carnes servidas en una sola orden, donde los clientes pagaban $20.00 y podían comer sin límite, además de disfrutar de un fresco y bien surtido bar de ensaladas, arroz criollo, una copa de sangría, postre y café incluidos en el precio.

El restaurante era enorme y sumamente concurrido. A pesar de que las carnes y su modalidad de servirlas, conocida como rodissio, era su principal atractivo, la facilidad del estacionamiento servía para atraer clientes, quienes no tenían que preocuparse como se preocupan los comensales en ciudades como New York, por ejemplo.

El interior del restaurante era enorme. Las velas encendidas en las mesas y las enormes lámparas colgadas del techo alumbraban el lugar; dando un aire navideño en pleno otoño con sus bombillas de colores. Hermosas muchachas se acercaban a las mesas de los clientes cada dos minutos ofreciendo las carnes de su preferencia. Iban todas vestidas de color de vino, como si sus trajes hubieran sido diseñados para que se combinaran con las alfombras del lugar. Era un ambiente encantador. De seguro en otras circunstancias Tony lo hubiera disfrutado al máximo; posiblemente esto era lo que él estaba pensando y de que algún día regresaría con su familia.

La conversación estuvo muy interesante. Gabriel y Sarah quedaron impresionados con el resumen que hizo Tony del caso criminal que el gobierno le fabricó. Daba la impresión de que su caso fuera la única razón por la que estuvieran allí. No lo era; pero fue un motivo más para que Gabriel y Sarah se comprometieran con el proyecto. Roanne no tuvo que esforzarse ni hacer uso de su perfecto léxico para convencerlos. Pareciera como si ellos habían llegado allí ya convencidos de su decisión; buscando solo un motivo para salir adelante con ella. A cambio sólo pedían permanecer de incógnitos o harían donaciones anónimas como Roanne mencionó.

Gabriel y Sarah se despidieron de Roanne y de Tony. Luego se detuvieron en la mesa continua y saludaron muy efusivamente a las personas que se encontraban allí. Parecía que se conocían de hace mucho tiempo porque Sarah mencionó que la última vez que había visto a la niña allí presente aún jugaba con muñecas. Sin embargo, ese día era la víspera de sus 16 años, como indicara el padre de la joven a Sarah y a Gabriel. Parecía una familia muy adinerada o tendrían alguna posición importante en el gobierno. Esto era obvio por la alta seguridad que se encontraba con ellos en el lugar. Dos corpulentos muchachos vestidos de negro, uno a cada lado de la mesa; con cables que salían de sus chaquetas y conectaban a sus orejas. Aparentaba que la mesa de al lado también estaba ocupada por seguridad, debido al nivel de atención que ellos prestaban a cada movimiento de la familia de la mesa contigua.

Gabriel y Sarah se despidieron de la familia y salieron del lugar.

Roanne: ¿Qué te parecieron los señores?

Tony: Sin duda alguna están ya comprometidos con el proyecto. Actuaron como si sus decisiones ya habían sido tomadas antes de que llegaran aquí. Aunque debo ser sincero contigo, creo que detrás de esa decisión existe algún tipo de resentimiento. Ellos hablaban como si el hecho de financiar el proyecto representara para ellos una oportunidad de venganza contra alguien o contra algo.

¿Recuerdas cuando Sarah dijo?: "No se trata de sólo liberar a esos muchachos; se trata también de hacerlos pagar con creces todo el daño". Esto me pareció como si ellos estuvieran interesados en rescatar a esas personas de las garras del gobierno para entonces ellos hacer justicia con sus propias manos.

Roanne sonrió.

Roanne: No, Tony. No es como lo estás interpretando. Incluso, el comentario de Sarah coincide con tu idea de que "no es sólo liberar a los inocentes, sino que debemos encerrar a los culpables". Sarah se refería a los culpables, a esas autoridades corruptas que se les debe denunciar para que reparen el daño ya causado a todas esas personas inocentes y a sus familiares, que se encuentran en prisión.

Roanne: Si supieras las circunstancias como conocí a Gabriel y a Sarah lo entenderías todo.

Tony: Cuéntame.

Roanne: Espera y te cuento. Voy al baño ya vengo.

Roanne regresó a la mesa en unos minutos.

¿Estás bien? Roanne preguntó al notar a Tony un poco impaciente. Pero era sólo un pensamiento que había pasado por su mente. En otras circunstancias jamás dejarían a una dama pagar la cuenta, pero ese día debía ser una excepción. Además, pensó él, a la organización donde trabaja Roanne le correspondía hacerlo esta vez.

Tony: Sí, estoy bien.

Roanne: Bueno, ahora te cuento sobre Sarah y Gabriel. Mi jefe me asignó un caso. El muchacho ya había sido sentenciado a muerte y faltaba muy poco para su ejecución. Había sido acusado de haber prendido fuego a su casa para causarles la muerte a sus tres hijos, de entre 3 y 6 años. El gobierno convenció al jurado que el motivo del crimen fueron los celos por su esposa quien pretendía abandonarlos. El gobierno también presentó como testigos a científicos que aseguraron que el incendio no había sido accidental.

Debido al corto tiempo que faltaba para ser ejecutado, nos apresuramos a reexaminar las evidencias físicas del caso. Lo hicimos una y otra vez. Siete expertos fueron contratados, cada uno de ellos llegó a la conclusión que el incendio había sido accidental. Aún recuerdo la algarabía que generaba cada resultado en nuestro grupo de trabajo. Ya convencidos nosotros de esos reportes científicos y convencidos que nuestro cliente había sido acusado injustamente; procedimos a tratar de detener la ejecución hasta tanto pudiéramos proceder en la corte y probar la inocencia de nuestro cliente. Sin embargo, para sorpresa de todos, el gobernador del estado negó nuestra petición para que la ejecución se pospusiera.

¡Fue tan frustrante! Me tocó llevar las dos noticias a nuestro cliente. Tú te imaginas, Tony, tener que decirle a tu cliente te tengo dos noticias; la primera es que ya comprobamos tu inocencia y la segunda es que te van a ejecutar de todas maneras…

Mientras me encontraba en el salón de visita esperando su llegada, sudaba frio; mis manos temblaban, como cuando te encuentras en un sitio a temperatura bajo cero. Me encontraba impotente, pensando que en lugar de estar allí debía estar tocando puertas hasta que alguien me escuchara. Yo había dejado a todos los de nuestro grupo en la oficina haciendo llamadas a congresistas y a los medios de comunicación para ver si alguien podía detener esa ejecución, pero nadie se interesó. Mi cabeza estaba a punto de estallar.

Sin embargo, se acercaron a mí dos personas y me pidieron que me tranquilizara. Me dijeron que ya él sabía las dos noticias porque ellos se las habían comunicado. Eran Gabriel y Sarah, sus padres. A pesar de que había hablado con ellos vía telefónica, no había tenido la oportunidad de conocerlos personalmente.

Sentí un alivio tan grande dentro de la pena que me embargaba. Cuando llegó él, fue increíble; él era el fuerte, no yo ni sus padres. Su fortaleza reflejaba resignación. Aún recuerdo sus palabras.

Me dijo: "No puedo negar que aún espero un milagro. Pero si no fuera así, no sé por qué, pero me siento en paz. Siento una paz espiritual que jamás había sentido. Es lo que le he pedido a Dios y al parecer Él me lo ha concedido".

Le contesté que estábamos aun haciendo llamadas y tocando puertas; y que yo también esperaba un milagro.

Me contestó que no importaba lo que pasara él estaba agradecido, y agregó: "quiero que sepas que te agradezco al igual que a tu organización la prontitud con la que actuaron. Debí solicitarlos antes y no escuchar a mi abogado, aunque obviamente los resultados de tu investigación no le han agradado a alguna gente. Así que pienso que el resultado hubiera sido el mismo. Prefieren vivir con su conciencia sucia con tal de no doblegar su orgullo y admitir que se equivocaron".

Roanne: Lo ejecutaron, Tony. Lo asesinaron.

Tony: ¿Basado en qué el gobernador negó la petición de posponer la ejecución?

Roanne: Tú no lo vas a creer. Alegó que su estado había gastado mucho dinero en ese caso y que las evidencias eran contundentes. No valió que la persona mejor acreditada a nivel mundial en esa área científica le escribiera una carta donde aseguraba que el incendio fue accidental.

Tony: ¿Y los medios de comunicación no intentaron detenerlos?

Roanne: Es increíble, cada medio de comunicación nos negó la oportunidad de difundir la noticia que un inocente iba a ser ejecutado. Sin embargo, luego se difundió la ejecución a nivel mundial. Le dieron una cobertura enorme. Con decirte que CNN le dedicó horas de programas. Pero los entiendo; su propósito es hacer dinero, no justicia. ¿Entiendes ahora a Gabriel y a Sarah?

Tony: No sólo los entiendo. La verdad los compadezco.

Roanne: Hoy Dios les ha dado la oportunidad de estar en una posición de donde pueden ayudar. Parece como si Gabi los estuviera ayudando desde el cielo. Es increíble; cuando él fue acusado, ellos no tenían dinero para contratar un abogado. Tuvieron que enfrentarse al gobierno con un abogado público. ¡Ah! Aún recuerdo cuando hablé con él. Arrogante; indiferente ante el dolor ajeno y sobre todo malvado. Porque él sabía de la inocencia de Gabi, pero para mantener su reputación de buen abogado, prefirió callar cuando comprobó después del juicio que Gabi era inocente. Prefirió no seguir peleando para detener la ejecución. Al contrario, dijo públicamente que Gabi era culpable del crimen. Pero hoy Sarah y Gabriel son muy adinerados, su negocio ha sido próspero, creo que están en el área de las comunicaciones.

Quieren ahora ayudar a liberar inocentes, pero que se condene a los culpables. Para eso están tratando de cambiar las leyes estatales y federales a través de congresistas. A propósito, el señor que está en la mesa de al lado, con quien ellos conversaron, está muy comprometido con ellos. Él es el senador Dole, del estado de New York. No estoy muy segura de su propuesta de ley, pero sé que el objetivo principal es remover la inmunidad a policías y fiscales, al menos cuando existe una clara violación de la ley por parte de ellos.

Roanne: Bueno, hablemos de ti ahora. Creo que las condiciones están creadas para que trabajes con nosotros. Tan pronto llegue a mi oficina el lunes, hablaré con mis superiores. A propósito, ¿trajiste el curriculum?

Tony: Sí, aquí lo tienes.

Roanne pagó la cuenta y luego salieron del restaurante. Tony la acompañó a su auto que estaba estacionado un poco retirado del restaurante. Se despidieron con beso en la mejilla y ella le acarició los brazos como señal de apoyo.

Tony caminó hacia donde estaba estacionado su auto. Al llegar allí se encontró con tres jóvenes. Dos de ellos estaban sentados encima del baúl de un Trans-Am negro que estaba estacionado, diez o doce carros antes de llegar al Nissan Máxima de Tony. Un tercer joven estaba sentado en el pavimento. Los tres tenían una lata de cerveza en la mano. Lucían muy sospechosos. Uno de ellos, con mucha dificultad pronunció unas palabras en español: "¿Cómo ta amigo?" a lo que Tony contestó: "Muy bien, muy bien". Eran de la raza blanca y lucían muy descuidados. Sus cabellos largos y sus barbas desordenadas los hacían aparentar mayores, pero tenían entre los 19 y 20 años cada uno. Se miraban constantemente unos a los otros y luego volteaban a mirar para todos lados. Algo estaban tramando, pensó Tony. Pero no le importaba y continuó su camino. Se prestaba a abrir la puerta del auto cuando el silencio de la noche fue interrumpido con el sonido fuerte de una alarma de auto. Un Mercedes negro, seguido por un Jeep negro se disponían a abandonar el estacionamiento en ese momento.

Habían estado estacionados cerca de donde se disparó la alarma.

De repente llegaron varios carros de policía. Tenían las luces intermitentes encendidas. Uno de ellos se acercaba al lugar de donde provenía el sonido de la alarma. Allí se encontraban los tres jóvenes; removiendo del Trans-Am negro el último neumático.

Los tres jóvenes corrieron y mientras corrían uno de ellos comenzó a disparar. En cuestión de segundos reinó la confusión, pues la policía respondió con disparos. Ellos se alejaban de la policía y se acercaban dónde estaba Tony. La policía siguió disparando, como si cada policía descargara su arma por completo. En medio del tiroteo el Mercedes Benz negro se detuvo. Los carros de policía le impedían el paso. Los ocupantes del Jeep negro bajaron del vehículo y fueron corriendo hasta el Mercedes Benz. Abrieron las puertas y sacaron del Mercedes a sus ocupantes. La señora parecía histérica, llorando desesperadamente mientras los corpulentos muchachos la movían del lugar. Todos se ocultaron detrás de un auto, salvo uno que se alejaba con un celular en las manos. Tony observaba todo desde donde se encontraba y al ver que los jóvenes iban hacia él, decidió alejarse del área; brincó la cerca lumínica y se internó en el pequeño bosque, pero los jóvenes seguían la misma dirección. Tony se detuvo detrás de un árbol, desde donde vio como uno de los jóvenes lanzó un arma mientras corría, los demás lo aventajaban muy poco.

Varios policías saltaron la pequeña verja lumínica y en cuestión de segundos el lugar estaba inundado de carros y de agentes policiales. Un helicóptero sobrevolaba el área. Sus luces iluminaban la noche como guiando a los policías hacia donde corrieron los muchachos.

Al ver la policía, Tony salió de su escondite. Su intención era informar a la policía lo más rápido posible la dirección que los jóvenes habían tomado. No le dieron tiempo; todos apuntaron sus armas. El helicóptero quedó suspendido sobre ellos.

Todos gritaron a coro: "Raise your hands", "on your knees". Tony obedeció. Una vez arrodillado, sintió un golpe fuerte en su espalda; luego un golpe fuerte en su estómago y luego en su cabeza. Por lo menos 6 policías lo golpeaban mientras otro lo esposaba. Intentaba decir algo, pero los golpes se lo impidieron. Ya casi inconsciente escuchó cuando alguien dijo en la radio: “we got it”.

Despertó en el hospital esposado pies y manos y atado a la cama. Además, una gruesa cadena rodeaba a su cintura inmovilizándolo completamente. Dos sujetos se encontraban allí con él, portando ambos arma de fuego y hablando como esforzándose para no ser escuchados.

Tony estaba muy adolorido, pero recordaba perfectamente todo lo ocurrido. Sin lograr incorporarse sólo preguntó qué día era, más nadie respondió. Una enfermera llegó. Tony volvió a preguntar qué día era. Ella le dijo que era sábado, y mientras limpiaba las heridas de su rostro, las cuales Tony aún no había notado, Tony pidió ir al baño. La enfermera hizo una seña a los sujetos, y ellos lo acompañaron al baño. Él permaneció esposado. Sus lágrimas brotaron cuando se miró al espejo, pero mordió sus labios y contuvo el llanto. Pensó en su esposa y sus hijos y se dio cuenta de la preocupación que debía embargarlos. Usó el baño y al salir pidió a la enfermera hacer una llamada. Ella miró los sujetos en la habitación, quienes con sus miradas dijeron todo. Tony entendió; no le era permitido llamar. Aprovechando la presencia de la enfermera y para contar con un testigo, les preguntó a los sujetos: “Si estoy esposado es porque estoy bajo arresto, ¿verdad?” Uno de ellos contestó que sí.

“Entonces quiero hablar con un abogado”. Tony sabía que, por ley, una vez puesto bajo arresto, le correspondía una llamada telefónica. Aunque sabía que ellos no se lo permitirían, quiso preguntar en presencia de la enfermera, por si fuera necesario usarlo en la corte.

Los sujetos se limitaron a decir que no estaban autorizados para dar llamadas, a lo que la enfermera agregó: "Yo sí puedo hacerlo". Pero uno de ellos negó moviendo la cabeza.

Tony la miró a los ojos por unos segundos, como si en ellos pudiera leer su intención. La expresión de su rostro la dejó entender todo. Hábilmente, Tony le preguntó si tenía aspirina y se lo repitió varias veces en español, a sabiendas que la enfermera no hablaba español. Sólo era un pretexto. Sin entender, la enfermera buscó lápiz y papel para que Tony escribiera lo que deseaba. Él escribió aspirin, pero a continuación escribió el número de teléfono de su esposa. Ella le sonrió, haciendo un gesto con la cabeza de que llamaría.

A penas una hora más tarde Tony estaba siendo trasladado a una corte local. Entraron al edificio por la parte trasera y estacionaron el vehículo en un subterráneo. Bajaron a Tony del vehículo y se disponían a entrar por una puerta que conducía desde el subterráneo hasta la corte del estado, cuando un carro se detuvo frente a ellos. Uno de los ocupantes se identificó: FBI. Tony se mantuvo sereno frente a la puerta mientras sus custodios se alejaban a conversar con dos sujetos que habían bajado del auto negro. Lucían muy ocupados llamando por la radio, hasta que finalmente entregaron a Tony a agentes del auto negro, que habían llegado a recogerlo.

A pesar de no ser informado de nada, Tony entendió que el FBI estaba tomando el caso. Era obvio que todos creían que él había sido el protagonista del incidente en el estacionamiento del restaurante.

Llegaron a una oficina donde Tony, esposado aún, permaneció parado fuera de ella mientras los agentes conversaban con la persona sentada en el escritorio dentro de la oficina. Por los ademanes, parecía como si sostuvieran una acalorada discusión. Hubo un instante en que el señor en el escritorio saltó, golpeó la pantalla de una computadora y Tony pudo escuchar claramente que dijo: "I will not book him".

El oficial del escritorio se negaba a recibir a Tony en las condiciones físicas que se encontraba. Su rostro aún sangraba. Finalmente accedió, con la condición de que fuera fotografiado y los agentes firmaran un documento improvisado por él.

Lo pasaron a una celda y al cabo de unos minutos le removieron las esposas y le hicieron cambiar la ropa ensangrentada. Ahora vestía de anaranjado con zapatillas azules.

Las fotos le fueron tomadas y cada uno de los sujetos las firmó por detrás. Le fueron tomadas las huellas dactilares y fue fotografiado de nuevo para crearle una ficha de prisionero. Una hora más tarde lo trasladaron a lo que ellos llaman Special Housing Unit, que no es más que una celda solitaria donde se tortura mentalmente a un prisionero.

Tony permaneció allí hasta la mañana del lunes cuando fue trasladado a una oficina, donde un señor de traje y corbata le esperaba. Era su abogado. Sin pedirlo aún, ya le habían asignado un abogado del gobierno. El señor se presentó; le entregó una tarjeta y le comunicó además que él lo representaría en el proceso. Le comunicó que habría una audiencia preliminar, donde se le instruiría de los cargos que el gobierno le imputaba. Cada momento que pasaba, Tony entendía mejor lo que estaba sucediendo. Él estaba siendo acusado de causar el incidente la noche del viernes.

El abogado no hizo preguntas. Tony se esforzó por comunicarle lo sucedido, pero pareciera que al abogado no le interesara. Sólo se limitó a decirle que habría tiempo para que Tony le informe con detalles lo sucedido.

Entraron al salón de la corte. Muchos recuerdos llegaron a su mente en ese momento. Una vez creyó que jamás en su vida estaría de nuevo frente a esa situación.

El salón de la corte estaba lleno de personas.

"Papi", fue la única voz que escuchó. Su rostro se inundó de lágrimas, mordió sus labios y miró fijamente a sus niños y luego a su esposa. Movió su cabeza en señal de desconcierto, pero abrigando la esperanza que todo sería aclarado muy pronto, le dijo por seña a su esposa que no se preocupara.

"All rise". La voz del secretario de la corte se escuchó. El juez saldría en ese momento.

"El Honorable Juez Kenneth Kaplan presidirá esta audiencia".

El juez: "¿Qué tenemos hoy?"

"Caso No. 00-Cr-2464. United States v. Tony Parker".

Juez: ¿El gobierno está listo para proceder?

El fiscal se paró de inmediato, respondiendo afirmativamente.

Era un hombre joven. Debía tener entre 25 y 30 años. Su nombre era Caín Caifás. Tenía una estatura de unos 5'8".

Vestía un traje gris y llevaba corbata roja. Con camisa blanca, reluciente como si hubiera sido planchada a base de almidón. Sus zapatos negros brillaban, como si hubieran sido recientemente lustrados. Por su pelo rubio y sus ojos azules, era obvio que era de raza blanca.
Fiscal: Su Señoría, el gobierno de los Estados Unidos acusa al señor Parker de intento de robo de una propiedad privada; de agresión a una autoridad en el ejercicio de sus labores; y del asesinato de la joven Ashley Dole.

Las piernas le temblaban a Tony escuchando los cargos. Él sabía que le leerían los cargos, pero jamás pensó que alguien había muerto en el incidente. Miró muy desconcertado a su abogado, pero éste lo ignoró. Su desconcierto no se debía a los cargos que se le estaban imputando, sino al darse cuenta de que aun en la gravedad del incidente, el gobierno no se había interesado en investigar a fondo lo sucedido. Pero se tranquilizó al pensar que después de todo, él no tenía que ver con ese incidente. Lo único que esperaba era no tener que esperar 11 años, como antes lo había hecho, para demostrar su inocencia.

El juez continuó leyendo línea por línea los cargos contenidos en un documento soportado por declaración jurada por los agentes policiales que participaron en el arresto. Repetía los mismos cargos de una manera dramática. Un murmullo se escuchó en el salón de la corte. Tony volvió la vista atrás, como temiendo por la seguridad de su esposa y sus hijos. Se tranquilizó; había allí varios agentes.

Al terminar la lectura de los cargos, el juez procedió dirigiéndose a Tony.

Juez: ¿Cómo se declara el acusado?

Tony: No culpable Su Señoría.

David Ppaz, abogado de Tony que hasta ese momento no había dicho ni una palabra, se dirigió a la corte.

Ppaz: Su Señoría, la defensa requiere que mi cliente sea liberado bajo fianza. Él es una persona con raíces muy fuertes en este país; su esposa e hijos son ciudadanos americanos y residen en New Jersey. Él es un nacional de este país. Un bono de $100,000 puede satisfacer este pedido, Su Señoría. No es alguien con riesgo de escape.

Juez: Petición negada. A usted se le olvidó mencionar que su cliente representa un peligro para la sociedad.

El juez no esperó que el fiscal se opusiera a la petición, mostrando el nivel de prejuicio que existía en el caso; sólo comenzando.

A continuación, agregó:

"La próxima audiencia se llevará a cabo en noviembre 16, a las 3:00 P.M., para entonces cada parte debe presentar cualquier petición a la corte".

"Sesión terminada".

El juez abandonó la sala. Momento después lo hizo el fiscal al que el abogado de Tony siguió sin despedirse de Tony. Sin embargo, a Tony no le molestó. Él sabía del desprecio al que está sujeta cualquier persona que es acusada de un crimen por el gobierno americano. Aun con el falso dicho que usted es inocente hasta que se demuestre lo contrario. Y el primero en manifestar ese desprecio es el propio abogado del acusado. Él sabía que el juramento de los abogados no es más que una farsa con la cual ellos cubren su prejuicio.

Como siempre él ha pensado, los abogados no decidieron ser abogados para hacer justicia, eligieron la justicia para hacer dinero.

Con una mirada se despidió de su esposa y sus hijos. Una vez más le indicó con ademanes que no se preocupara. Él todo lo veía muy simple. Sin embargo, no pensó que experimentaría dos veces la misma injusticia del sistema judicial americano.

Llegó el 16 de noviembre y fue entonces cuando Tony, a pesar de un sin número de llamadas que le habían hecho él y su familia, pudo hablar con su abogado. El señor Ppaz se presentó a las 2:45 P.M. a una celda en la que se encontraba Tony. Tony estaba cansado. Había sido despertado a las 3:00 a.m. por los alguaciles, para ser trasladado al salón de la corte. Sólo había comido un pedazo de pan, con menos de una onza de un bologña rancio que le llevó un oficial. Estaba hambriento y con mucha sed. Él estaba esposado cuando entró el abogado. Un grueso cristal los separaba, pero sus voces se escuchaban claramente de un lado al otro.

Ppaz: Como tú sabes, hoy es la audiencia.

Tony: He tratado sin éxito de comunicarme con usted todo este tiempo. Mi esposa también ha tratado, pero ha sido imposible hablar con usted. Yo creo que 15 minutos, que es lo que falta para la audiencia, no es suficiente para prepararnos.

Ppaz: Fíjate, nuestra defensa es muy limitada. El gobierno tiene pruebas contundentes que te culpan; además de varios testigos. Eso sin contar con cada testimonio de los policías que estuvieron en la escena del crimen. Mi consejo es el siguiente: He revisado todos los documentos, creo que tus derechos no fueron leídos y esa es una razón para anular el caso. Es la única base legal que tenemos hasta el momento. Hoy traigo conmigo una moción pidiendo tu caso sea anulado basado en ese defecto legal. Si no tenemos éxito, mi recomendación es que te declares culpable lo antes posible para evitar la pena de muerte. Estoy seguro de que el fiscal accedería si le evitamos incurrir en un proceso largo y muy costoso.

Tony: Señor Ppaz, ¿usted no ha escuchado mi versión de los hechos y ya usted me está recomendando que me declare culpable? Creo que eso es profesionalmente deshonesto.

Con relación a la moción que piensa someter, le prohíbo someter tal documento a la corte.

Ppaz: Ése es el único argumento legal que tú tienes; ¿me estás pidiendo qué no lo haga?

Tony: Sí, se lo estoy pidiendo por dos razones:

Número uno es porque sé que la única razón por la que usted preparó esa moción es para justificar el cheque que está esperando del ministerio público por este caso. También sé que jamás esa moción será aprobada.

Y número dos, es porque no quiero salir de aquí basado en tecnicismos legales. Yo soy inocente de esos cargos y sólo después de probar mi inocencia quiero salir de aquí. ¿No le interesa saber que soy inocente?

Ppaz: Es tu decisión; nos vemos frente al juez.

Eran las 3:00 de la tarde. El salón estaba vacío cuando llevaron a Tony.

Unos segundos después miró hacia atrás y como por arte de magia el salón de la corte ya estaba lleno. Pudo ver a su esposa y sus hijos sentados en la primera fila. Roanne también estaba allí presente. Y algo que Tony no podía entender era la presencia en la corte de esos señores que conversaban con Gabriel y Sarah en el restaurante. Ellos estuvieron allí el primer día también.

Hubo un silencio cuando la puerta de la oficina del juez se abrió.

Secretario: Todos de pie, por favor.

Juez Kaplan está presidiendo el caso U.S. v. Tony Parker, Docket No. 2464.

Juez: Buenas tardes. ¿Qué tenemos hoy?

Ppaz: Su Señoría, la defensa le pide a la corte que retire todos los cargos debido a que los derechos del señor Parker no fueron leídos al momento de su arresto. El señor Parker…

El abogado fue interrumpido por Tony. Había saltado de su asiento como impulsado por un resorte.

Tony: Su Señoría, con el mayor respeto le pido que se me escuche.

Sin recibir un sí o un no continuó hablando.

Tony: Yo le di instrucciones específicas a este abogado para que esta moción no fuera sometida. Él lo acaba de hacer sin mi consentimiento. Esto está generando un conflicto de intereses en el cual me estoy basando para pedir que este abogado sea removido de mi caso.

Juez: Sólo para los récords, podría especificar las razones por las cuales no quiere que esa moción sea sometida.

Tony: Sí, Su Señoría, mis razones son simples. Yo no quiero salir de aquí basado en tecnicismos legales. Aunque estoy seguro de que Su Señoría no aprobaría esa moción, ni siquiera en un millón de años, olvidemos las leyes y mis derechos. Yo quiero que hablemos de los hechos… de lo que pasó realmente la noche del incidente.

El fiscal miraba a Tony como si su corazón le dijera algo diferente a lo que él estaba pensando. No dijo una palabra.

Tony: Para ello le pido que me permita representarme a mí mismo ante esta corte.

Juez: ¿Usted está consciente de la decisión que está tomando?

Tony: Sí, Su Señoría.

Juez: ¿Renuncia a su derecho constitucional de ser representado por un abogado?

Tony: Estoy renunciado a ser representado por un abogado ineficiente, no a un abogado eficiente que es lo que me debe proporcionar la corte.

En ese momento intervino el fiscal, quien sabía que esa sería una buena razón para apelar el caso, ya que las leyes son claras en ese sentido. Tony debía ser representado por un abogado eficiente y era obvio para el fiscal que el señor Ppaz no estaba siendo eficiente.

Fiscal: Su Señoría, el mejor curso de acción debe ser asignarle otro abogado al señor Parker.

Juez: Yo también lo creo así. Espere ser contactado por su nuevo abogado, señor Parker.

La sesión termina.

El nuevo abogado nunca llegó. Sin embargo, Roanne, acompañada de 5 muchachos se presentó al salón de visitas. Los muchachos no pasaban de 25 años. Todos vestían de una manera informal. Zapatos deportivos y pantalones jeans; todos con polocher mangas cortas y uno de ellos llevaba una gorra de los Mets de New York. Roanne tampoco vestía formalmente. También llevaba tenis y unos pantalones muy ajustados que ponían al descubierto su bien formado trasero.

Roanne: ¡Hola Tony! Roanne lo besó en la mejilla y le dio un abrazo. Te presento a Eric, Carlos, Bernie, Robert, y por último Roy. Él es Tony, muchachos.

Tony: Un placer.

Roanne: Tu caso ha sido tomado por nuestra organización y a nosotros se nos ha asignado este proyecto. Desde luego si tú así lo quieres.

Tony: Estuve dispuesto a representarme yo mismo con tal de no ser hundido por ese irresponsable. Pero eso no significa que no reconozca que necesito ayuda. ¿Qué tienen ustedes en mente?

Bernie: Lo primero es que creemos en tu inocencia.

Los demás contestaron a coro que sí creían en su inocencia.

Eric: Así es.
Carlos: Así es.
Roy: Así es.
Robert: Así es.

Roanne no dijo nada; pero agregó después: "Ya ves…ese es un buen comienzo."

CAPÍTULO XI

En la blanca mansión, mientras escuchaba a Louis leer el reporte sobre la vida de Tony, el Agente Superior se recostó en el mueble e hizo comentarios sobre el caso.

Agente Superior: No sé por qué, pero algo dentro de mí me dice que ese hombre es inocente.

Louis: ¿Por qué lo dices?

Agente Superior: Dame una sola razón por la que esa joven, ¿cómo se llama? Roanne y esos muchachos no sólo hayan tomado ese caso, sino que lo tratan como si fuera su amigo aun después de conocer los cargos. Además, conozco tu gente. Están cegados por la maldad.

Louis: No me sorprendería saber que lo acusaron siendo inocente, eso lo hacen ellos todos los días. Más de 10,000 personas van a las cárceles siendo inocentes, cada año. Y mi gente eso lo celebra. Pero sigamos leyendo el reporte.

***

Roanne: Comencemos a trabajar.

Tony: ¿Qué sigue?

Roanne: Comencemos por definir nuestra defensa. Aunque creo que es prematuro hacerlo, porque tendremos más audiencias.

CAPÍTULO XII

No muy lejos de allí, el gobierno también se preparaba para definir cómo proceder en el caso. El fiscal se encontraba en el laboratorio a la espera de los resultados del análisis donde se determinaría si las huellas dactilares de Tony se encontraban en el arma que había sido recuperada en el pequeño bosque donde encontraron a Tony y que supuestamente se usó para matar a la joven Dole.

El técnico se acercó al fiscal con un folder azul en las manos. Los resultados de las huellas estaban allí dentro.

El fiscal quedó muy desconcertado al leer el contenido del sobre. El resultado era claro y preciso… las huellas no pertenecían a Tony.

Tomó el sobre y se retiró del laboratorio. Regresó a su oficina y colocó sobre su escritorio cada pieza de evidencia que había colectado en el caso: las declaraciones juradas de los policías; el testimonio de los padres de la señorita Dole; el arma de fuego; los casquillos de las balas que habían sido disparadas; incluyendo la que le quitó la vida a la joven Dole. Curiosamente la ropa que llevaba Tony el día del incidente también estaba allí. Ésta no había sido enviada a su familia, pero la razón era sólo una. El fiscal se preguntaba una y otra vez cómo es que un ladrón de llantas de carro anduviera vestido de traje y corbata. Sin embargo, para llevar a Tony a juicio tenía que existir un motivo que originó el incidente y el cual era el robo de las llantas. Miró las pruebas en su escritorio una y otra vez. A su juicio, eran débiles y llegó a una conclusión inmediatamente; debía abrirse una investigación donde más evidencias serían colectadas.

Al día siguiente se presentó a la oficina de su jefe. Le planteó su preocupación y solicitó se abriera una investigación exhaustiva del caso. Para él no sólo las evidencias eran débiles, sino que comenzaba a tener dudas sobre la culpabilidad de Tony.

Fiscal: Señor Julianni, dicho esto, creo que es el mejor curso de acción.

El enfado del jefe del fiscal era evidente. Su rostro se transformó, como si toda su sangre se estuviera acumulando en su cabeza, se tornó rojo mientras sus manos temblaban.

Señor Julianni: Yo te lo aclaré desde el principio. Este caso debe terminar rápido con un culpable en la cárcel.

Fiscal: A eso me refiero señor. El caso debe terminar rápido, estoy de acuerdo con usted. Pero como usted dice, el culpable es quien debe ir a la cárcel, yo no estoy seguro de la culpabilidad de quien tenemos en prisión.

Señor Julianni: A ver, explícate.

Fiscal: Señor, las huellas dactilares del señor Parker no fueron encontradas en el arma, anoche me entregaron el reporte. En adición a esto señor, le parecerá tal vez estúpido de mi parte, pero me cuesta creer que un ladrón de llantas de carro vista de traje y corbata. Además, esta mañana encontré un reporte en mi escritorio donde me informan que el análisis de balística practicado al señor Parker también es negativo.

El fiscal general, por sus gestos, dejó saber que había sido impactado con los comentarios de su asistente. Sin embargo, reaccionó rápidamente como ocultando lo que realmente sentía y dijo enérgicamente:

"Las pruebas que poseemos son suficientes; llevémoslo a juicio y terminemos de una vez por todas esta película. Ya he recibido 99 cartas de ese lugar y 435 del otro. Tú sabes a que me refiero. Es demasiada presión la que tenemos".

Luego comentó:

"Esos malditos delincuentes no saben ni elegir sus víctimas."

El asistente del fiscal general salió muy desconcertado de la oficina. El mensaje era claro. Terminar el caso sin importar quien vaya a la cárcel – un culpable o un inocente.

Los titulares de los periódicos se hacían eco de las noticias.

"JUSTICIA EN MUERTE
HIJA DE ROBERT DOLE"

"EL SENADOR DOLE PIDE
JUSTICIA ACTUAR RÁPIDO"

"LLEVARÁN A JUICIO
ASESINO HIJA DE DOLE"

"LE PASÓ LA FACTURA AL SISTEMA
POR MANTENERLO EN PRISIÓN INJUSTAMENTE"

Sin embargo, en otro periódico de circulación nacional en Francia, la noticia era más reservada. Una información importante de las evidencias colectadas por la fiscalía se había filtrado; basado en la cual el periódico francés Le Monde publicó de la siguiente manera:

"CASO DOLE, USA
LAS HUELLAS NO COINCIDEN CON LAS
DEL ACUSADO. EXAMEN DE BALÍSTICA
NEGATIVO".

Las publicaciones del periódico francés llamaron la atención de la opinión nacional en los Estados Unidos. Lo que parecía ser un caso fuerte para la fiscalía, ahora era confuso y las opiniones de analistas legales estaban divididas.

Nancy Grace, famosa por encontrar culpable a todos los acusados, aun antes de ser llevados a juicio, llegó a contestar lo siguiente cuando se le preguntó si Tony era culpable:

"De lo único que estoy segura
hoy es que la hija del señor Dole
está muerta. ¿Quién la mató?
La verdad no lo sé".

El fiscal regresó al laboratorio, donde se reunió con los técnicos asignados al caso de Tony. Pidió se repitieran los análisis, a lo que el líder del grupo contestó que no era necesario, porque el reporte entregado era producto de un tercer análisis; el cual había sido consistente con los dos anteriores. El fiscal contestó que la presión del congreso era muy fuerte, a lo cual agregó, preguntando si existía la posibilidad de que las huellas se hubieran borrado. Y uno de los técnicos contestó:

"Supongamos que sí, Pero ¿qué pasó con el examen de balística? ¿también se borró?"

El fiscal bajó la cabeza y la levantó diciendo:

"¿Ésa es una posibilidad?"

—Así es.

Fiscal: Entonces que conste en el reporte. Luego se levantó y se fue.

El juicio comenzó. El jurado había sido ya seleccionado. Estaba compuesto de personas de la raza blanca. Una joven hispana que había sido seleccionada fue luego descalificada por tener sólo 19 años. Muy joven para tanta responsabilidad, alegó el fiscal. Esto ignoraba la ley que claramente establece sólo ser mayor de los 18 años para servir como jurado.

El salón estaba lleno. La esposa de Tony y sus hijos ocupaban la primera fila. Roanne llegó acompañada de Eric, Roy, Robert, Carlos y Bernis, además de otro señor quien llevaba un sombrero negro y un bastón. Era un anciano de por lo menos 80 años. Pero a pesar del bastón, lucía fuerte y sereno. Se sentó junto a Tony. Roanne y los demás muchachos se sentaron en el lado opuesto. Roanne lo saludó sosteniéndole la mano izquierda junto a la mesa.

Roanne: Como tú sabes, necesitamos experiencia para defenderte en el salón de la corte; por eso el señor Randolph nos acompaña. No te preocupes, estás en buenas manos.

El primer día del juicio pasó sin que el gobierno presentara algo nuevo o diferente a lo que ya era de dominio de la opinión pública; esto incluía a los miembros del jurado, quienes habían admitido ante el juez, durante el interrogatorio mucho antes de ser seleccionados, que habían seguido cada detalle del caso por los medios de comunicación. La apertura de ambas partes fue más de lo mismo de lo que ya todos sabían.

El oficial Rivera fue el último en testificar ese día. Su testimonio fue sustancialmente el mismo de aquellos policías que testificaron antes de él. Él y su compañero habían sido los primeros en llegar a la escena del crimen.

Fiscal: Señor Rivera, ¿para quién trabaja usted?

Rivera: Soy un oficial de la policía del estado de New Jersey.

Fiscal: Señor Rivera, ¿dónde se encontraba usted la noche del incidente donde perdió la vida la joven Dole; se encontraba usted en servicio esa noche?

Rivera: Sí, me encontraba en servicio esa noche. Estaba con mi compañero en una tienda de licores en la avenida Teaneck Road jugando el Mega Lotto.

Fiscal: ¿Recibió usted una llamada de emergencia para que se presentara en un centro comercial en Hackensack?

Rivera: Eso es correcto.

Fiscal: ¿Se presentó usted al lugar?

Rivera: Así es. Mi compañero y yo nos presentamos en el lugar tan pronto pudimos.

Fiscal: Oficial Rivera, pudiera usted explicar a los miembros del jurado cómo sucedieron los hechos. Acérquese un poco más al micrófono, por favor.

Rivera: Uh…uh.

El oficial aclaró su garganta y comenzó a narrar los hechos.

Rivera: Al principio todo parecía en orden cuando llegué al lugar. Uno que otro carro entraba y salía del amplio estacionamiento del centro comercial. Comenzamos a recorrer el lugar de un lado a otro. La llamada que habían hecho era 911; no especificaba donde exactamente se estaba llevando a cabo el robo del auto. Sólo eso habían reportado… un robo de auto en cuyo centro comercial.

Sin embargo, cuando nos acercamos al otro extremo del parqueadero pude ver las luces intermitentes de un auto allí estacionado. Eran las luces que permanecen encendidas cuando una sirena de un auto se activa. Procedimos a acercarnos un poco más. Y en ese momento otra patrulla de la policía había llegado al lugar. Una vez allí, se observaba claramente como un auto había sido despojado de sus llantas. Fue entonces cuando comencé a escuchar disparos. Mi reacción inmediatamente fue desenfundar mi arma y comenzar a disparar. Mi compañero hizo lo mismo.

Fiscal: ¿A quién le disparaban?

El oficial titubeó al contestar. Pareciera como si estuviera buscando una respuesta apropiada a la pregunta del fiscal, y finalmente contestó:

—Le disparamos a alguien que había salido corriendo del área disparando.

Fiscal: ¿Pudo usted identificar a esa persona?

Rivera: En verdad no. Estaba un poco oscuro y me encontraba distante.

Fiscal: Pero usted dijo hace un momento que disparó a la persona que había salido corriendo del lugar; ¿cómo no pudo identificarlo?

Rivera: Él se alejaba de nosotros; sólo pude verlo de espaldas, no su rostro.

Fiscal: Continúe la narración de los hechos.

Rivera: Una vez comenzamos a disparar escuché disparos dirigidos todos hacia donde se dirigía la persona. Entonces me levanté y comencé a avanzar junto a los demás policías que ya estaban allí, hacia la dirección donde habían corrido ellos. Brincamos una pequeña cerca de metal que separaba el estacionamiento de un pequeño bosque. Un helicóptero alumbraba el área mientras nosotros avanzábamos. Ya en el bosque, de manera repentina, se apareció un sujeto ante nosotros. Había salido de atrás de un tronco de un árbol. Él decía algo… pero ahora no lo recuerdo.

Cuando nos acercamos, nos identificamos como policías y procedimos a esposarlo; cuando él se resistió al arresto tuvimos que usar tácticas especiales para someterlo. Una vez neutralizado, lo transportamos a un hospital donde permaneció hasta el lunes. Después de salir del hospital, lo trasladamos hacia la delegación. Sin embargo, una vez allí, unos agentes del FBI lo detuvieron; y fue hasta entonces que yo participé en el proceso de su captura.

Fiscal: Agente Rivera, la persona que usted vio corriendo, que luego resistía el arresto; luego fue llevado al hospital; unos días después fue trasladado a la delegación y allí arrestado por el FBI, ¿se encuentra aquí en el salón de la corte esa persona?

Rivera: Sí, señor.

Fiscal: ¿Puede identificarlo?

Rivera: Sí, es el señor con el uniforme anaranjado al lado de la joven vestida de gris, el cual está sentado detrás de la mesa de usted.

Fiscal: Gracias.

Llegó el turno de la defensa para examinar al testigo del gobierno. El agente Rivera parecía sereno… pero era obvio que algo le inquietaba. Pestañaba de una manera extrema y se frotaba las manos como señal de nerviosismo.

El señor Randolph se disponía a iniciar las preguntas, cuando el fiscal, notando el nerviosismo del agente, pidió un receso al juez. Éste fue concedido de inmediato. Durante los diez minutos de receso, el fiscal se acercó al agente Rivera para asegurarse que estaba bien.

Fiscal: ¿Todo está bien? Le noto un poco preocupado, agente.

Rivera: No señor, sólo que me siento un poco exhausto. Pero todo está bien.

Randolph: Agente Rivera, no tengo que presentarme, nosotros ya nos conocemos, ¿verdad?

Rivera: Así es.

Randolph: Agente, usted fue el primero en llegar al lugar de los hechos, ¿correcto?

Rivera: Así es.

Randolph: ¿Cuándo llegó al lugar donde se encontraba el auto con las luces intermitentes, se acercó usted a ese auto?

Rivera: Antes de llegar al auto fue cuando comencé a escuchar los disparos. Entonces me detuve a responder a ellos.

Randolph: Usted testificó que estaba oscuro y que la distancia le impidió identificar a la persona que se alejaba disparando, ¿es correcto?

Rivera: Así es.

Randolph: Hace unos minutos el fiscal le pidió que identificara a esa persona, usted señaló al señor Tony Parker, ¿es correcto?

Rivera: Así es.

Randolph: Una vez en el bosque, en el momento que usaron técnicas especiales para someterlo, ¿cómo sabía usted que se trataba del sujeto que había disparado?

Rivera: Era obvio…sólo él estaba allí.

Randolph: Mi pregunta es, ¿estaba usted seguro que Tony era la persona que había disparado?

Rivera: Sólo él estaba allí.

Randolph: Una vez usted escuchó todos los disparos, dijo usted en su testimonio, que usted se levantó. ¿A qué se refiere cuando dice: "me levanté"? ¿Se levantó de dónde?

Una vez más el policía titubeó al contestar y finalmente respondió.

Rivera: Yo me había apoyado en el suelo para disparar a los sujetos.

Randolph: ¿A los sujetos? Pensé que se trataba de un solo sujeto, el cual ya usted identificó como el señor Parker.

Rivera: ¿Dije los sujetos? Me equivoqué, debí decir el sujeto.

Randolph: Usted también dijo en su testimonio lo siguiente:
déjeme citar exactamente lo que dijo.

"Entonces me levanté y comencé a avanzar junto a los demás policías que ya estaban allí, hacia la dirección donde habían corrido ellos."

Randolph: ¿Se equivocó ahí también, oficial?

El nerviosismo del agente era evidente.

Rivera: Debí decir donde había corrido él.

Randolph: ¿Se equivocó?

Rivera: Eso es correcto.

Randolph: Usted testificó que no recuerda lo que trataba de decir Tony cuando salió de su escondite. Sin embargo, usted recuerda todo perfectamente desde cuando se encontraba en servicio jugando el Mega Lotto hasta cuando llegaron los agentes del FBI ¿cómo no recuerda que dijo Tony?

Rivera: No recuerdo.

Randolph: Oficial, usted testificó para la fiscalía en el caso The People v. Agustín-García. Usted testificó que cuando usted llegó a la escena del crimen, escuchó como el señor García descargaba su arma sobre el cuerpo de la señora Ricart; sin embargo, una grabación tomada durante el incidente mostró que usted llegó al lugar 10 minutos después de lo ocurrido. ¿Puede usted explicar eso oficial Rivera?

Fiscal: Objeción Su Señoría.

Juez: Objeción negada.

Randolph: ¿Puede responder mi pregunta?

Juez: Responda la pregunta.

Rivera: Llegué y vi cómo algunas personas forcejeaban con el señor García, creí escuchar disparos en ese momento.

Randolph: ¿Pero obviamente no fue así, es correcto?

Rivera: Así es.

Randolph: ¿Pudo haber sucedido de la misma manera en este caso, oficial Rivera, que usted haya percibido las cosas de una manera errónea?

Rivera: No lo creo así.

Randolph: Su Señoría, la defensa ofrece a la corte el Anexo A, el cual muestra una versión completamente diferente al testimonio del testigo Rivera.

El fiscal parecía desconcertado. Lo que fue sometido como el Anexo A era una cinta de grabación que captó el incidente completo en el estacionamiento del centro comercial. El video mostraba claramente como el oficial Rivera y su compañero, al escuchar el primer disparo se escondieron sentados detrás de un auto. Cada disparo que hicieron lo hicieron al aire. Nunca pusieron los ojos en el objetivo. La grabación también muestra como tres jóvenes corrían en la misma dirección que corría Tony. Es cierto que no se pudo distinguir quien disparó el arma, pero se veía claramente que Tony no lo había hecho. La cámara captó cada movimiento. La verdad era que el agente Rivera nunca pudo identificar a los sujetos, pero sí era obvio que mentía; eran 4 los que corrían hacia la misma dirección, no uno como quiso el agente hacer creer al jurado.

El fiscal estaba furioso; la defensa lo había sorprendido con esa grabación.

El fiscal sometió una moción a la corte que fue aprobada por el juez. La evidencia fue descalificada porque no fue proveído el contenido de la grabación a la fiscalía antes del juicio. Era una violación de los procedimientos judiciales; algo que el señor Randolph había planificado y que estaba seguro de que el jurado conservaría en su mente de todas maneras.

El gobierno llamó su último testigo. Ni siquiera el técnico del laboratorio hizo tanto daño a la defensa con su falso testimonio. Cuando a sabiendas que las huellas dactilares de Tony no estaban en el arma, mucho menos el examen de parafina practicado a Tony había sido positivo, le dijo al jurado que era posible en algunos casos que esos exámenes salieran negativos, aun cuando el individuo había disparado el arma.

El siguiente testigo fue devastador. Una vez juramentado comenzaron las preguntas.

Fiscal: Señor Dole; ¿puede identificarse señor?

Dole: Robert Dole.

Robert Dole era uno de los accionistas mayoritarios de la Reserva Federal. Aquel banco disfrazado de institución pública, pero que pertenece a un grupo de burgueses de diferentes partes del mundo. Él era el padre de la joven asesinada la noche del incidente por el cual Tony estaba siendo juzgado. Y un año antes había sido elegido senador por el estado de New York.

Fiscal: Siento mucho su pérdida. Mis condolencias para usted y su familia.

Señor Dole: Gracias.

Fiscal: ¿Podría describir el incidente en el cual perdió la vida su hija, señor?

Señor Dole: Habíamos terminado de cenar en el restaurante Grayfield, en un centro comercial en Hackensack. Nos disponíamos a abandonar el estacionamiento cuando comenzamos a escuchar disparos. Mi familia y yo íbamos en el mismo vehículo acompañados por mi chofer, mientras mi cuerpo de escoltas nos seguía a una distancia muy corta. Una vez escuchamos los disparos el chofer se apresuró a abandonar el lugar, pero fue imposible, los carros de policía bloqueaban la salida. Mi cuerpo de escoltas abordó nuestro auto y nos sacó de allí a todos. Sólo mi hija permaneció unos minutos más en el asiento; luego nos dimos cuenta de que el motivo era porque estaba herida. La ambulancia la recogió en unos minutos, pero más tarde murió en el hospital. La bala le perforó el corazón.

Fiscal: ¿Usted pudo ver quién le disparó a su hija?

Señor Dole: No señor. Sin embargo, unos minutos antes del incidente vi al acusado cuando nos pasó por el lado mientras nosotros abordábamos nuestro vehículo en el estacionamiento; al principio me pareció una persona decente. Jamás pensé que fuera un simple ladrón de autos y ahora asesino.

Randolph: Objeción Su Señoría.

Juez: A lugar,

Fiscal: ¿Puede identificar al acusado como la persona que usted vio pasar cerca de ustedes?

Señor Dole: Sí, el acusado allí sentado.

Fiscal: Una vez más, siento mucho la muerte de su hija. A propósito, ¿cuántos años tenía su hija cuando murió?

Señor Dole: El día siguiente… (Comenzó a llorar) … Cumpliría sus 16.

La defensa comenzó su cuestionamiento.

Randolph: Señor Dole, primero quiero decirle que siento mucho lo de su hija, mi nombre es Billy Randolph y represento al señor Tony Parker. Señor Dole, usted testificó que mi defendido parecía una persona decente. ¿Qué le hizo pensar eso?

Señor Dole: Bueno, no es común ver un ladrón de autos vestido de traje y corbata. Era así como iba vestido ese señor.

El fiscal bajó la cabeza y suspiró. Él también había pensado lo mismo.

Randolph: En su honesta opinión, ¿el hecho de usted ver pasar al señor Parker con dirección a donde ocurrió el incidente, es una prueba de que él es un ladrón de autos y que asesinó a su hija?

Señor Dole: No señor.

Randolph: Señor Dole, las evidencias muestran que su hija murió a consecuencia de un disparo al corazón. Dígame, ¿dónde iba sentada su hija al momento del impacto de la bala?

Señor Dole: Iba sentada en medio de su madre y yo, en el asiento trasero del carro.

Randolph: ¿Cuándo se disponían a salir del estacionamiento, que dirección llevaban? ¿Iban en la misma dirección de donde provenían los disparos o iban en dirección contraria?

Señor Dole: Es difícil para mí contestar esa pregunta. Sólo sé que escuché disparos. De dónde provenían, no lo sé.

Randolph: Déjeme cambiar la pregunta. ¿Iban ustedes en la misma dirección hacia donde corrió mi cliente o en dirección contraria?

Señor Dole: En dirección contraria.

Randolph: ¿Pero la bala le destrozó el corazón a su hija?

Dole se quedó pensando como digiriendo la pregunta… y luego contestó.

Señor Dole: Sí, señor.

Todo parecía muy extraño. La versión de la policía apuntaba a que la bala había impactado el vehículo en la parte trasera; había traspasado el asiento del vehículo e impactado a la joven en la espalda y luego la bala traspasó el pecho de la joven e hizo un orificio en el cristal delantero del vehículo. Dole se retiró pensando que algo no andaba bien. El señor Randolph, tal vez sin éxito, trató de dejar lo mismo en la mente del jurado.

Hasta ese punto la fiscalía se mostraba segura de su victoria. El daño más grande que causó la defensa fue la grabación donde se demostraba que el agente Rivera mentía. Sin embargo, no fue admitida como evidencia. El juez dio instrucciones precisas. El jurado no debería tomar en consideración la cinta al momento de su deliberación.

CAPÍTULO XIII

Adolfo escuchaba con mucha atención el reporte sobre la vida de Tony. Louis hizo una pausa y miró a su amigo.

Louis: ¿Qué te parece hasta ahora este reporte?

Adolfo: La verdad que ustedes actúan como lo que son... diabólicamente.

Louis: ¿Por qué lo dices?

Adolfo: ¿Por qué lo digo? piensa Louis... una bala entró por la parte trasera del vehículo; cruzó el asiento; penetró el cuerpo de la joven; perforó su corazón; ¿y luego hizo un hueco en el cristal delantero del vehículo? Sólo un jurado estúpido puede creer eso.

Louis sonrió a este comentario a lo que agregó:

Louis: ¿Tú nunca has escuchado el dicho con relación a un gran jurado y el jurado de un juicio en este país?

Adolfo: No. ¿Cuál es?

Louis: A un gran jurado los fiscales le llevan un sándwich de jamón para que le hagan una acusación de un crimen y ellos lo acusan de un crimen. Y lo peor aún, el jurado que preside ese juicio encuentra al sándwich de jamón culpable. Los ciudadanos de este país creen cada palabra de nuestros representantes del gobierno... desde luego si los acusados son negros o hispanos o de cualquier raza extranjera.

Adolfo con cara de asombro sólo dijo: “continuemos Louis, ya estoy ansioso por saber el final”.

CAPÍTULO XIV

La defensa llamó a su primer testigo. Lucía sereno y dispuesto a ofrecer con vehemencia su versión de los hechos. Por un segundo miró a su esposa y a sus hijos. Ella apretaba la mano de su hijo mientras era abrazada por su hija menor, quien a su vez era abrazada por su hermana mayor.

Su abogado comenzó el interrogatorio.

Randolph: Señor Parker, ¿podría hacer un recuento de los hechos ocurridos la noche del incidente?

El abogado negó hacer una presentación de Tony ante el jurado, prefiriendo evitar que el hecho de que Tony había estado en prisión por 11 años fuera de conocimiento del jurado. Temía que el jurado actuara con prejuicio como dijo él a los estudiantes que lo acompañaban.

Tony: Estuve en el Restaurante Grayfield desde las 8:00 de la noche. Departí por casi dos horas con algunas personas, las cuales pueden corroborar este hecho. Me despedí de ellos y luego me dispuse a regresar a mi casa. Camino hacia donde estaba mi auto estacionado, pude ver claramente 3 jóvenes que se encontraban en esa área. Dos de ellos encima de un auto negro y el otro por alguna razón estaba sentado en el pavimento. Uno de ellos me saludó con un mal español; yo respondí el saludo y avancé hasta mi auto. Una vez allí la alarma de un vehículo sonó… todo fue muy rápido. Minutos después escuché muchos disparos.

Tony relató por completo los hechos tal y como el abogado se lo había pedido. Los miembros del jurado se miraban unos a los otros confundidos, por la manera que Tony pronunciaba cada una de sus palabras y por la forma clara y precisa que relató los hechos. No hubo titubeo alguno en su declaración. Una declaración que no había tenido la oportunidad de hacer antes.

Randolph: ¿Sufrió usted algún daño físico como producto de la golpiza que le dieron los policías al momento de su arresto?

Fiscal: Objeción Su Señoría.

Juez: Objeción a lugar.

Tony sufrió todo tipo de daño. Tenía la vista afectada en un 70%. 4 de sus costillas estaban fracturadas y el cuello estaba lesionado. Pero la golpiza no era lo que el jurado tenía que decidir sino la muerte de la joven Dole.

Randolph: ¿Sufrió algún daño que le impida testificar aquí hoy?

Tony: No que me hayan notificado los médicos.

Randolph: ¿Intentaba usted robar las llantas de un vehículo negro estacionado en el estacionamiento del centro comercial Hackensack la noche del incidente donde perdió la vida la señorita Dole?

Tony: No señor.

Randolph: ¿Reconoce usted esta arma?

Tony: No señor.

Randolph: ¿Disparó usted esta arma?

Tony: No señor.

Randolph: ¿Asesinó usted a la joven Dole?

Tony: Es imposible… nunca en mi vida he disparado un arma de fuego.

Randolph: No más preguntas Su Señoría.

El fiscal inició su interrogatorio inmediatamente.

Fiscal: Señor Parker, usted describió los hechos desde las 8:00 de la noche en el restaurante Grayfield hasta que despertó en el hospital. Pero no mencionó haber visto en el estacionamiento, cuando se dirigía a su vehículo, a los señores Dole. ¿Lo omitió por alguna razón? ¿No es cierto que trató de esconderse de ellos para que su plan de robar las llantas del auto no quedara al descubierto?

El fiscal le había preguntado al señor y a la señora Dole si habían visto a Tony en el estacionamiento. Ellos contestaron positivamente, sin embargo, el fiscal quiso dejar entender al jurado que ellos no vieron a Tony y que Tony no se quería dejar ver. Pero Tony hasta había saludado a los guardaespaldas de los señores Dole.

Tony: Jamás traté de ocultarme de ellos, al contrario, saludé a unos de sus acompañantes.

El fiscal, al escuchar la respuesta de Tony dejando sin efecto cualquier intención que tuviera su pregunta, trató entonces de desviar la atención, cambiando el rumbo de su cuestionamiento.

Fiscal: ¿Cordialmente? ¿Por qué los saludó si usted ni siquiera los conoce?

Tony: No los conozco, es cierto, pero mientras cenaba en el restaurante, ellos cenaban en la mesa próxima en la que yo me encontraba. Los señores Sarah y Gabriel, con los cuales yo estaba, saludaron a ellos muy afectuosamente. Sentí respeto por ellos, por el hecho de ser amigos o conocidos de Sarah y Gabriel.

El fiscal quedó sorprendido aún más con esta respuesta. El jurado murmuraba, a lo que el juez pidió que prestaran atención a la pregunta del fiscal. En su desesperación, el fiscal acudió a los hechos que mantuvieron a Tony encerrado por 11 años en una prisión federal. Él sabía que Tony había sido liberado de todos los cargos, pero prefirió continuar con el objetivo de prejuiciar al jurado en su decisión de determinar si Tony era culpable o no de la muerte de la joven Dole. Trató de insinuar que Tony había salido de la prisión por un golpe de suerte o algún tecnicismo legal, pero no porque fuera inocente de los cargos que se le hicieron y que lo llevaron a la cárcel.

El fiscal continuó su interrogatorio haciendo creer al jurado que el móvil del crimen que originó la muerte de la joven Dole, era el dinero. Tony había estado desempleado por ocho meses y carecía de recursos financieros; por eso estaba intentando robar, dijo el fiscal al jurado, hecho que provocó la muerte de esta joven.

Parecía que el jurado no creía una sola palabra proveniente del gobierno. Algunos hasta dormían mientras el fiscal hablaba. Habían perdido el interés en el cuestionamiento del fiscal a Tony.

El juicio continuó por los siguientes dos días. La esposa de Tony testificó. Describió como ella había sostenido su familia mientras Tony se encontraba ausente, asegurando que ahora, aunque con mucho sacrificio, lo seguía haciendo.

Roanne también testificó, pero su testimonio no sirvió de mucho. No pudo aportar una sola respuesta a lo que sucedió después que Tony la despidiera esa noche en el estacionamiento del restaurante. Ella se había ido cuando Tony se dirigió a su auto. No pudo haber sido testigo de nada de lo sucedido. Lo mismo sucedió con Gabriel y Sarah. Aunque se esforzaron en destacar las cualidades de Tony, tampoco pudieron testificar acerca de los hechos.

La defensa también llamó a testificar a un experto que había contratado para determinar si el arma contenía las huellas de Tony. A diferencia del experto de la fiscalía, éste determinó que no era posible que las huellas se hubieran borrado. Al contrario, testificó que las huellas estaban allí pero que pertenecían a otra persona y no a Tony.

Al fiscal no le importaba el reporte del experto contratado por la defensa. Su prioridad era encontrar un culpable. ¿De quién eran las huellas encontradas en el arma? Eso no le interesaba en ese momento.

Llegó la fase final del juicio. El fiscal empleó toda su energía en convencer al jurado que el motivo del crimen había sido la situación financiera de Tony. Por eso estaba robando las llantas del carro, le dijo al jurado, para luego venderlas y hacer algún dinero.

Este crimen, según él, ocasionó la muerte de la joven Dole. En su rostro se veía claramente que ni él mismo se creía lo que estaba diciendo.

Llegó el turno de la defensa. El señor Randolph pidió al jurado que analizaran cuidadosamente las evidencias. Se concentró en poner en la mente del jurado, que la bala que mató a la joven Dole no había sido disparada por Tony, quien nunca en su vida había usado un arma de fuego; por el contrario, que ésta pertenecía a uno de los policías que dispararon sus armas. El nerviosismo se apoderó del fiscal en ese momento optando por objetar.

Fiscal: Objeción Su Señoría.

Juez: A lugar.

El juez impidió al abogado Randolph continuar con esa teoría... no había nada en los récords que la probara.

El abogado de la defensa hizo un recuento de cada testimonio concluyendo que Tony era acusado injustamente y que el gobierno no había hecho las investigaciones correspondientes para llegar a la verdad; y que, si el jurado no ejercía su responsabilidad, esa verdad quedaría cubierta por las mentiras y un inocente estaría en la cárcel de por vida. Pidió al jurado hacer justicia y declarar a Tony inocente de los cargos impuestos.

Los procedimientos legales para seguir fueron leídos al jurado por el juez. El jurado, entonces se retiró a deliberar.

No se pudieron poner de acuerdo en un veredicto en los dos primeros días. El juez los despachó hasta el lunes siguiente a las

10:00 a.m. Se les dio instrucciones específicas que no hablaran del caso con ninguna persona y mucho menos leer o escuchar nada que viniera de los medios de comunicación; los cuales le habían dado una cobertura enorme al caso.

CAPÍTULO XV

El domingo en la noche, en un supermercado de la ciudad, el presidente del jurado hacía algunas compras cuando alguien se le acercó.

— "Me encantan esos productos; son tortillas mexicanas. Pero cada día que pasa pienso más en renunciar a ellos". Eso, dijo señalando uno de los tramos en el supermercado.

—No entiendo, te encantan los productos mexicanos, pero piensas renunciar a ellos… ¿qué pasa? ¿Te están haciendo daño, o te están haciendo subir de peso?

—La verdad no. La razón es otra. Es un producto hispano, y esos hispanos sólo vienen aquí a desgraciarnos la vida. Nos quitan los trabajos; asesinan a nuestra gente y lo que es peor, cada día son más. Se multiplican como conejos. Un día nos gobernaran.

Mientras conversaban, sacó una placa oficial y se presentó con el presidente del jurado, agregando que el gobierno necesitaba su ayuda en el caso de la muerte de la joven Dole.

Haciendo un gesto de preocupación el presidente del jurado se volvió a verlo fijamente mientras el oficial se alejaba.

El lunes siguiente, Tony fue encontrado culpable de todos los cargos. El mensaje del fiscal general llegó al jurado… y llegó de una manera efectiva.

Tres meses después fue sentenciado a pasar el resto de su vida en la prisión por el asesinato de la joven Dole; una sentencia adicional de 24 meses también le fue impuesta por el intento de robo de las llantas del vehículo.

Louis: ¿Qué te parece Adolfo? Ese es Tony. Tiene ahora unos tres años en prisión. Durante todo ese tiempo ha perdido todas sus apelaciones. Le ha escrito a cada oficial electo del país y hasta a autoridades y organismos extranjeros. Nadie le escucha. Solamente Roanne, quien no ha parado de trabajar para demostrar su inocencia, cree en él ciegamente.

Adolfo: Ahora entiendo por qué quiere hablar con Jesús.

Louis: ¿Me encargo de él?

Adolfo: No, deja que lo decida Herodes.

En ese instante entró uno de los asistentes de Louis a la oficina. Llevaba una carpeta gris en sus manos, la cual pasó a Louis, quien a su vez se la pasó a Adolfo cuando su asistente ya se había retirado.

Louis: Bueno, Adolfo, éste es el reporte que me pediste. Creo que nuestro amigo se dará cuenta que no estoy perdiendo el tiempo aquí en la tierra.

Louis: Permíteme unos minutos y regreso, tengo que atender unos asuntos. Ya vuelvo.

Louis salió de la oficina mientras Adolfo permaneció allí aprovechando para dar un vistazo al reporte que le había pasado Louis. Su cara mostraba el asombro cada vez que pasaba una de las páginas. Louis tardó unos 20 minutos para regresar.

Louis: Perdóname Adolfo, pero tardé debido a unos asuntos personales.

Adolfo: Está bien. Estuve leyendo el reporte, Louis, sobre la guerra en Iraq. La verdad es que tú tienes agallas… ¿cómo te metiste en ese país a pelear una guerra pensando que tenían armas de destrucción masiva? de haber sido así ¿tú te imaginas? Habrían muerto todos tus soldados.

Louis: No seas pendejo Adolfo, la única razón por la que me metí allí es porque estaba seguro de que no había armas de destrucción masiva. Mandé a mi gente previamente a asegurarse de eso.

Adolfo: Y esa exposición que hizo tu asistente allá en la asamblea general, ¿cómo se llama? Linco, sí Linco.

Louis: ¡Ah! ése es uno de esos payasos que yo he utilizado durante todo este tiempo aquí. Él, más que nadie, sabía que no existían armas de destrucción masiva.

Adolfo: ¿Y por qué dio ese discurso allá en la asamblea?

Louis: Por servil que es.

Adolfo: ¿Y cuál fue el objetivo de esa guerra?

Louis: Mi objetivo es claro; quiero acabar no sólo con Jesús, también con todos sus descendientes y así apoderarme de su reino.

Adolfo: Explícame eso del ataque a tu defensa… tú no estás siendo claro en el reporte… ¿el avión se estrelló allá o no se estrelló?

Louis: La verdad es que nunca se estrelló un avión. Lo que pasó fue que uno de mis agentes se rebeló contra mí. Él nunca estuvo de acuerdo con que yo matara a tantas gentes en esos edificios para justificar el ataque contra los descendientes de Jesús. Él quiso reaccionar y prevenir futuros ataques que yo tenía planeado y atacó mi Departamento de Defensa. Pero lo neutralizamos a tiempo.

Adolfo: ¿Y cómo convenciste al mundo de haber recibido un ataque terrorista?

Louis: Fue fácil. Tú sabes que hay hechos reales que carecen de evidencias que lo soporten. Sin embargo, hay mentiras que los hechos reales las soportan.

Adolfo: ¿Cuál es la verdad en este caso? ¿Y por qué carece de evidencias?

Louis: La verdad es que uno de nosotros quiso destruir nuestras defensas y derrocar mi gobierno; esto carece de evidencias porque las destruimos.

Adolfo: ¿Y cuál es la mentira?

Louis: La mentira es que fueron los terroristas que nos atacaron. Sin embargo, esta mentira está soportada por la destrucción causada en el Pentágono y el impacto de los aviones en las torres.

Adolfo: Explícame esto Louis. ¿Qué fue lo que realmente pasó con esa mujer? ¿Cómo se llama? A ver… a ver… ¡oh! Ingrid Betancourt. La mujer colombiana que ustedes rescataron de la guerrilla colombiana.

Louis: Esa fue una estupidez de uno de mis amigos y del presidente de Francia. Ellos la rescataron, pero yo nunca estuve de acuerdo con esa mierda. Por dos razones: primero porque al principio ellos plagiaron el secuestro de ella; y como algo salió mal con el grupo guerrillero, todo se convirtió en algo real. Esos terroristas se enteraron de que ella sólo los estaba usando para propaganda política y que jamás ella cumpliría con las promesas de legitimarlos como un grupo político. Yo nunca estuve de acuerdo con eso.

La otra razón es que liberarla significó arrodillársele al pendejo de Julio Chávez… tú sabes ya de mis diferencias con él. Bueno, pero al final me convencieron y les exigí a cambio que liberaran unos muchachos míos que tenían secuestrados.

Adolfo: Y con esa muchacha de la CIA. ¿Qué pasó?

Louis: ¡Oh! el culpable de eso fue su esposo. Tú sabes cómo soy. El que no está conmigo es mi enemigo. Él se reusó a falsificar unos reportes con relación a la existencia de armas de destrucción masiva en Iraq; le prometí que me vengaría con lo que más pudiera dolerle. Quise que la pusieran en prisión por espiar para Estados Unidos, pero la mujer esa es una de las mejores entrenadas y pudo determinar que algo se estaba planeando en su contra cuando se le envió a una misión insignificante. Algo que era reservado sólo para aprendices. Cuando yo creía que ya había sido hecha prisionera, se apareció aquí e hizo la denuncia de que la habíamos traicionado; inmediatamente.

Adolfo: ¿Y qué te costó eso?

Louis: La verdad, nada. Sólo uno de los nuestros fue condenado a prisión e inmediatamente le otorgué un perdón y no hizo ni un día en la cárcel.

Adolfo: Explícame eso de las elecciones presidenciales de Ohio. ¿Qué fue lo que realmente hiciste contra tu oponente? Éste fue tu segundo período presidencial, ¿correcto?

Louis: Así es. Efectivamente es este período el que estoy sirviendo ahora. La verdad es que nos dimos cuenta de que íbamos a perder las elecciones presidenciales. Ese estado era un factor determinante para confirmarme o detenerme con mi plan. Reaccioné a tiempo, llamé a unos amigos en Rusia, quienes a su vez me consiguieron un muchacho, muy joven, por cierto. Él se encargó de desarrollar un programa que cada vez que alguien votaba por mí contrincante el programa lo cambiaba a mi favor. Así le hicimos el fraude sin que nadie se diera cuenta de lo que había pasado. Y lo hizo desde Rusia.

Adolfo: ¿Y no te preocupaba que ese muchacho algún día abra la boca?

Louis: Mi amigo Adolfo, aún no me conoces. Hace tiempo que el joven no puede hablar. Era muy buen muchacho, pero mis planes son mejores y no puedo permitir ningún riesgo.

Adolfo: Y eso de la bolsa de valores, ¿qué es lo que realmente querías para que permitieras esos fraudes tan cuantiosos; debe ser algo grande?

Louis: Tengo que admitir que en eso no estoy aún seguro. Lo que pasa es que quiero dejar a mis aliados con la mayor cantidad de dinero posible para que comiencen la nueva era de la Tierra. Pero la verdad no sé si darles tanto poder. Quiero que se apoderen de las inversiones de todos esos infelices antes de que los destruya a todos.

Adolfo: ¿Y cómo es que ustedes consiguen informaciones de los países con tanta facilidad? Porque veo aquí que ustedes están enterados de todo.

Louis: Fácil, logré que me aceptaran un programa de intercambios de estudiantes en más de 200 países. Aproveché y mandé a todos esos países informantes míos como estudiantes.

Adolfo: Ya entiendo.

Adolfo: ¿Y por qué tú has provocado tantas guerras?

Louis: La verdad, no he sido yo son mis aliados que, con tal de hacer fortunas, me obligan a provocarlas. Ellos son los que producen las armas.

Adolfo: Dime una cosa, Louis, ¿cuál fue el objetivo de torturar a tantas personas allá en Iraq y esa base militar en Cuba?

Louis: Eso no era más que una forma de mis soldados eliminar la tensión de la guerra. Con eso se divertían.

CAPÍTULO XVI

El nerviosismo era evidente en el Palacio Celestial. Los guardias se paseaban de un lado al otro. Estaban pendientes de todos los movimientos de Jesús y sus colaboradores. Eran las 7:00 de la mañana cuando Adolfo llegó al Palacio con las encomiendas; el sumario de la vida de Tony y el reporte de las actividades de Louis en la Tierra.

En el sótano también se sentía la tensión. Los presos no habían dormido la noche anterior, permaneciendo parados, en estado de alerta mayor, aferrados a los barrotes que tenían las celdas por puertas. Murmuraban constantemente, mientras observaban a Magdalena que entraba y salía golpeándose el pulgar izquierdo con un lápiz, en señal de nerviosismo. Todos los presos estaban parados en estado de alerta, agarrados de los barrotes que tenían por puertas las celdas.

"Avísele a Pedro que estamos de regreso". Eso pidió Adolfo a uno de los agentes que lo acompañaban.

—Sí señor.

Adolfo: ¿Cómo estás amigo?

Pedro: Muy preocupado. ¿Conseguiste averiguar quién es esa persona? ¿Qué tanto le puede decir a Jesús?

Adolfo: Sí, lo conseguimos. Gracias a la cooperación de Louis. Te manda muchos saludos, a propósito. Y sí, es mucho lo que puede decirle a Jesús. Ha sido víctima de la injusticia de Louis, debido a esto creo que conoce de todas las atrocidades de Louis allá en la Tierra.

Pedro: Sí, gracias, gracias. Y el reporte de su gestión, ¿lo trajiste?

Adolfo: Claro, claro, aquí está. Pero cuéntame ¿por qué estás tan preocupado?

Pedro: Yo nunca he confiado en la puta esa. La seguridad la sorprendió tratando de entrar a la oficina de Jesús sin ser acompañada por uno de nuestros hombres. Por suerte se lo impidieron.

Adolfo: Yo siempre tuve dudas de esa mujer. Aunque ella dice que no, creo que sigue enamorada de Jesús.

Pedro: Pero me niego a creer que nos traicione. Yo sé que Magdalena lo ama todavía, pero creo que tiene miedo de traicionarme.

Adolfo: Bueno, es tu decisión. Si tú quieres la mando como prisionera con los demás; ¿qué te parece?

Pedro: Creo que es lo correcto. Arréstala y enciérrala en el sótano con los demás.

De inmediato Adolfo hizo una seña a sus agentes que aún estaban con él. Ellos salieron de allí y Magdalena fue puesta en prisión junto a los demás prisioneros.

El murmullo se sentía allá en el sótano. Todos secreteaban acerca de la llegada de Magdalena, ahora en calidad de prisionera. Dos de los prisioneros conversaban en voz alta al fondo del pasillo del sótano.

—Tú lo sabes Lucas, yo siempre le decía a Jesús que no confiara en esa prostituta. Ella fue la que influyó para que Jesús creyera que yo, y no Juan, era quien lo había traicionado.

Lucas: Todos nosotros sabíamos que había sido Juan, pero Jesús no nos creyó, al igual que a ti, Judas.

Judas: Mírala, mírala, con su carita de santa. Maldita ramera.

Debemos estar preparados Judas, agregó su compañero. Sé que algo grave está pasando.

Judas: Hagamos algo, pasemos la voz a través de los prisioneros hasta llegar al del lado de su celda. Ella está muy nerviosa y angustiada, sé que soltará la sopa si la presionamos.

Lucas: Es muy buena idea, Judas. Si conocemos que ha estado pasando durante los últimos 2,000 años estaremos preparados. Hemos estado aquí prisioneros todo este tiempo sin que a Jesús le importe, nunca ha venido a visitarnos. No entiendo por qué nos ha tenido aquí privados de nuestra libertad.

Así lo hicieron. Pasaron el mensaje hasta que llegó a la celda próxima a la de Magdalena. La instrucción era clara. Averiguar que ha estado pasando y porqué han estado allí prisioneros.

—! ¡Qué sorpresa! parece que las cosas han cambiado para ti también. ¿Quieres que hablemos?

Magdalena comenzó a llorar. Al cabo de unos minutos se tranquilizó y comenzó a conversar con Hafid, quien era el prisionero más cercano a ella. Ella no lo conocía muy bien, pero había leído el libro El vendedor más grande del mundo, el cual describe la gran sabiduría de Hafid y el ejemplar ser humano que había sido en la Tierra. Ésta se sintió bien segura con él y él a su vez le hizo saber que a pesar de todo tenía compasión por ella. Con su inteligencia, la hizo sentirse en confianza. El remordimiento de Magdalena era obvio. Había sido cómplice de Pedro durante 2,000 años para tener en prisión a todos esos inocentes colaboradores de Jesús.

Hafid: Pero dime, ¿por qué has colaborado tanto con Pedro, cuando tú sabes que cambió y que sus acciones son contrarias a las intenciones de Jesús? Me atrevería a asegurar que Jesús no sabe que hemos estado presos por 2,000 años. ¿Por qué Pedro nos ha hecho esto? Nos ha impedido colaborar con el plan divino que es por lo que llevamos una vida tan honesta y libre de pecado allá en la Tierra. ¿Tú sabes esa respuesta?

Magdalena comenzó a llorar de nuevo.

Hafid: Cuéntame; desahógate conmigo.

Desde el fondo del pasillo se escuchaban murmullos. Todos los prisioneros se mostraban atentos a la conversación de Hafid con Magdalena, pero la mayoría de ellos no alcanzaban a escuchar con claridad la conversación.

Hafid: Es claro que algo no anda bien. Aprovecha ahora y cuéntame que es lo que pasa con Pedro y Jesús ¿No son ya los seres divinos que conocimos?

Magdalena: Perdóname, diles que me perdonen.

En ese momento gritó lo más fuerte que pudo y dijo: "Perdónenme, los traicioné; perdónenme. Me dejé llevar por la avaricia y los placeres. Pedro ha estado secuestrado por todo este tiempo también; él ha estado en la biblioteca del Palacio en solitaria. Yo los traicioné a todos, Herodes ocupa su lugar".

En ese momento, aunque todos exclamaron lo mismo, sólo se escuchó una sola voz: "¿Herodes?"

Magdalena: Sí, Herodes; él es quien ha estado pretendiendo ser Pedro por todo este tiempo.
Un grupo de sus amigos lo acompañan. Tiene un plan para matar a Jesús junto con todos ustedes… bueno, debo decir todos nosotros. Lucifer está en la Tierra también planeando una masacre que sería simultánea con el asesinato de Jesús y su madre.

Hafid: Pero ¿cómo pudiste traicionar a todos por esa gente?

Magdalena: Me dejé llevar por su promesa de hacerme su esposa. Además, también me amenazaba constantemente con hacerme daño si me arrepentía de involucrarme con ellos.

Hafid: ¿Y Jesús, no sabe nada?

Magdalena: No. Él piensa que todo marcha con normalidad. Los agentes de Herodes rodean su despacho a toda hora y nunca me le he podido acercar sola. Traté de hacerlo hoy, pero me lo impidieron. Lucifer está detrás de todo esto. Él logró introducir aquí a Herodes y a Adolfo para llevar a cabo su proyecto. Él lo hizo rey en el infierno y logró que fuera admirado por todos allá. Con eso me dejé comprar. Me ganó la ambición. Lucifer quiere reinar en la Tierra. Cada decreto de Jesús es archivado y uno ordenando todo lo contrario es enviado a la Tierra.

Hafid: Pero ¿cómo has podido prestarte para eso, Magdalena?

Magdalena: Ya te dije, me amenazaron y nunca me permitieron llegar a Jesús sola. Siempre alguien me acompañaba y vigilaba.

Hafid: ¿Y a nosotros aquí, por qué no nos dijiste nada?

Magdalena: Siempre que he bajado aquí los agentes me acompañaban. Ellos han temido de mi lealtad. Me hubieran matado.

Hafid: ¿Y por qué este nerviosismo hoy día? ha sido una noche intensa.

Magdalena: Hay alguien de la Tierra tratando de comunicarse con Jesús. Ellos temen que esta persona informe a Jesús de lo que está pasando en la tierra, porque esto pondría todo al descubierto.

Hafid: ¿Comunicarse con Jesús? ¿Y cómo? ¿Eso se puede?

Magdalena: Claro que sí. Los marcianos han estado facilitando a la Tierra la tecnología que le proveímos hace muchos años atrás.

Hafid: Pero hasta donde sé, esa tecnología era exclusiva de los marcianos.

Magdalena: Sí, pero ese memorándum nunca llegó a Marte, Herodes se la ingenió para sustituirlo y mandar uno falso que le daba instrucciones específicas a los marcianos para que facilitaran a Lucifer la tecnología y así ellos comunicarse entre sí desde la Tierra hasta aquí.

Hafid: ¿Y cómo es que esa persona que quiere comunicarse con Jesús adquirió esa tecnología?

Magdalena: No lo sé.

Uno de los agentes de Louis en la Tierra había compartido celda con Tony en calidad de prisionero. Él le dio a Tony el código necesario para comunicarse con el Palacio Celestial y con la madre de Jesús, con la intensión de que pusiera a Louis al descubierto. Al principio fue difícil, pero Tony lo había convencido de que eso era lo correcto. A su vez, el agente le cobraría la traición a Louis por haberlo hecho prisionero después del ataque fallido contra la base de control militar de Louis.

Magdalena: La llamada se va a producir en cualquier momento. Si esto sucede Herodes, Adolfo y Louis quedarán al descubierto. Una vez esto suceda, la vida terrestre cambiará y Louis y su gente serán aniquilados. Ojalá se comuniquen pronto, porque planean eliminar a todos los terrestres y echarle la culpa a Jesús. Louis reinará y Jesús va a pasar a ser odiado por las generaciones venideras.

Hafid no perdió tiempo y pasó el mensaje de boca en boca hasta que todos entendieron el porqué de su cautiverio y se mantuvo alerta ante tan peligrosa situación.

CAPÍTULO XVII

La noche y el día habían sido intensos. El temor se apoderó de Herodes y decidió entonces conversar con Louis, para que todos los planes se llevaran a cabo inmediatamente.

Matar a Jesús, a María, a todos los prisioneros y luego a todos los habitantes de la Tierra era el objetivo. Desde luego, los colaboradores de Louis se salvarían. En su conversación discutían si acabar con Jesús inmediatamente o esperar que Louis acabara con los habitantes de la Tierra primero. Llegaron a la conclusión que Jesús y todos los prisioneros deberían morir primero y comenzaron los preparativos para matar a Jesús, a María y a todos los prisioneros, incluyendo a Magdalena.

Sin embargo, en el sótano, Hafid trataba de convencer a Magdalena que convenciera a uno de los agentes que los vigilaban para que avisara a Jesús. A ella le agradó la idea.

Hafid: Esa es la única forma de impedir todo lo que acabas de decirme. Convénselo.

Magdalena: ¿Y cómo?

Hafid: Tú sabes cómo…; eres hermosa y sensual.

Magdalena suspiró, como tratando de entender qué quería decir Hafid. Entendió y llegó a la conclusión que era la única salida airosa de su traición a los suyos.

Desprendió los dos primeros botones de su blusa y se soltó el pelo; mojó sus labios con su lengua y sus pestañas, aún húmedas por las lágrimas que había derramado, le dieron un tono de sensualidad. Llamó a uno de los agentes que vigilaban el sótano y comenzó su tarea.

Magdalena: Estoy muy asustada, agente. Me preocupa lo que está sucediendo, me han hecho prisionera sin ninguna razón. Tú sabes que he sido buena con ustedes y quiero que me ayudes. Estoy muy asustada ¿sientes cómo late mi corazón?

Magdalena tomó la mano derecha del agente y la llevó hasta su pecho e intencionalmente la dejó caer sobre su teta izquierda. El agente inmediatamente se sonrojó al sentir los duros pezones de Magdalena. Magdalena era deseada por todos, su sensualidad fue capaz hasta de atraer a Jesús, en aquellos tiempos.

—Pero señora, usted sabe que no puedo faltar a mi juramento de proteger a Jesús.

Magdalena: Precisamente. Si no me ayudas no estarás protegiendo a Jesús. ¿Tú nunca te has preguntado por qué Pedro fue hecho prisionero y todas estas personas que están aquí?

—La verdad sí, pero no entiendo nada. Y prefiero seguir sin entender.

Magdalena pensó que debía actuar rápido y se retiró de los barrotes mostrando sentirse defraudada. Se sentó en la cama e intencionalmente levantó su pierna derecha dejando ver sus diminutos pantis blancos que apenas le cubrían la cuca y su hermoso trasero. Algunos bellos negros eran completamente visibles. El agente quedó paralizado mientras Magdalena hacía creer que lo ignoraba. El agente la miraba fijamente; no podía quitar la vista de las partes íntimas de Magdalena. Permanecía allí agarrado de los barrotes de la celda como paralizado. Ella, hábilmente, volvió a pararse. Esta vez se acercó a los barrotes y frotó sus pezones contra las manos del agente y le pidió que la ayudara.

El agente sudaba en aquel sótano frío; pero no era para menos.

—¿Qué es lo que quiere que haga, señora?

Magdalena: Escúchame atentamente.

Mientras le hablaba, acercaba sus labios a la mejilla del agente, pretendiendo estar hablando en secreto y mientras lo hacía, sus labios húmedos rosaban la mejilla del agente, quien no pudo resistir y se comprometió a hacer lo que la bella mujer le pedía.

El agente se retiró rápidamente, ordenando a quien parecía ser un subalterno, permanecer alerta.

Magdalena permaneció asida de los barrotes de la celda y miró triunfante a Hafid, quien discretamente seguía muy atento su conversación con el agente.

Hafid: Estás en proceso de enmendar tus errores.

Magdalena: Haré lo que me pida. Si me pide que me acueste con él, aquí mismo lo haré, pero ojalá no lo haga.

El agente se acercaba a la oficina de Jesús con un mensaje claro de Magdalena: “Te van a matar, Herodes está aquí”.

Al llegar al despacho de Jesús, el agente comenzó a temblar al ver allí a Herodes y sus agentes. Pensó que Magdalena lo había traicionado, pero no era así. Herodes estaba allí junto a Adolfo, discutiendo a quien asignarle el asesinato de Jesús y su madre. En el fondo de su ser, ellos temían hacerle daño a la familia sagrada. Aprovecharon la presencia del agente enviado de Magdalena y le pidieron que llevara a cabo esa misión.

Adolfo: ¿Están claras las instrucciones, agente?

—Sí señor. Entraré de inmediato y asesinaré a Jesús. Luego iré por su madre y también la asesinaré.

Adolfo: Esperaremos por usted en la oficina de Herodes.

El agente, quien titubeó asustado temiendo ser descubierto, entró de inmediato a la oficina de Jesús y temblando de miedo le dio el mensaje de Magdalena. "Te…te…te van…a matar; Herodes está aquí". Eso te mandó a decir Magdalena.

CAPÍTULO XVIII

En la Tierra, Louis trataba de llevar a cabo su parte del plan lo más rápido posible. El MECOSA ya estaba siendo distribuido por sus colaboradores. En una zona no muy lejana de allí, también se preparaban para hacer la detonación más grande de la historia de la humanidad. Louis estaba listo para ordenar que presionaran el botón.

En la prisión donde se encontraba Tony, el guardia comenzó su recorrido usual por las celdas. Una vez pasó por su celda, Tony sacó un celular y comenzó a marcar una serie de códigos alfanuméricos. Eran los códigos que le facilitó el agente de Louis cuando estuvo allí; en venganza por lo que creía un injusto encarcelamiento.

El agente comentó en presencia de Louis que generaciones tras generaciones pasarían y ningún rey o gobernante igualaría el liderazgo de Jesús. Por eso se convirtió en un enemigo de Louis. Más tarde fue sentenciado a prisión por 20 años, debido a un intento fallido contra la base de seguridad de Louis.

Jesús aún no salía de su asombro por el mensaje que le mandó Magdalena con el agente cuando sonó el teléfono. Se apresuró a contestar la llamada. Herodes había ordenado ignorar la llamada, si ésta fuera hecha porque no tenía objeto detenerla. Jesús estaría ya muerto, eso era lo que pensaba, para que preocuparse entonces por la llamada.

Las cosas ahora eran más claras para Jesús. Al conversar con Tony, entendió mejor el mensaje de Magdalena y actuó de inmediato.

Ascendió de rango al agente que le había llevado el mensaje.

Jesús: Agente Superior, escuche bien.

—Perdón Señor, pero no soy el Agente Superior, soy un simple agente a su servicio.

Jesús: No señor, comenzando ahora mismo usted es mi Agente Superior y estará a cargo de la seguridad de este Palacio. Tráigame a Magdalena inmediatamente.

El nuevo Agente Superior salió de la oficina de Jesús rumbo al sótano y, en minutos, regresó acompañado de Magdalena.

Una vez frente a Jesús, Magdalena comenzó a ser cuestionada por él.

Jesús: Explícame qué demonio está pasando aquí. "Te van a matar; Herodes está aquí" ¿Qué significa eso?

Magdalena se arrodilló ante Jesús pidiendo que la perdonara. Sus lágrimas humedecieron su rostro en cuestión de segundos.

Magdalena: Perdóname Jesús, es mi culpa todo es mi culpa. Me dejé llevar por la avaricia.

Jesús: ¿Cómo es eso de que Herodes está aquí?

Magdalena: Sí, él está aquí. Siempre ha estado aquí.
¿Tú recuerdas cuando perdonaste a Judas, después de darte cuenta de que fue Juan el que te traicionó? fue cuando lo mandaste a sacar del infierno y traerlo al Palacio.

Jesús: Sí, me acuerdo.

Magdalena: En ese entonces, una vez allí en el infierno, me dejé llevar por la avaricia. El poderío de Herodes era tan grande en el infierno y él era tan admirado por todos, que creo que su fama me hizo sentir atraída hacia él. Te traicioné Jesús; los traicioné a todos. Yo lo traje para acá. También Louis tuvo mucho que ver en esto; él se mantenía llamándome y tratando de conquistarme. Él influyó mucho para que yo trajera a Herodes.

Jesús: ¿Y cómo es posible que se haya mantenido aquí de incógnito por tanto tiempo?

Magdalena: No ha sido de incógnito que ha estado aquí. Él ha estado plagiando a Pedro durante todo este tiempo.

Jesús: ¿Me estás diciendo que todas las decisiones de este Palacio y las ejecuciones de mis órdenes han estado en manos de Herodes y no de Pedro?

Magdalena: Sí, así es Jesús. Pero no sólo eso, tus memorándums fueron sustituidos por otros creados por ellos. Los tuyos eran archivados y los de ellos eran enviados a la Tierra, ordenando todo lo contrario.

Jesús: ¿Y cómo es que nadie de mi equipo de administración me dijo nada de lo que estaba pasando?

Magdalena: Todos han estado presos durante todo este tiempo. Herodes los encerró en el sótano, a excepción de Pedro que se encuentra en la biblioteca. Él fue separado por su liderazgo dentro de los demás; Herodes temía que se levantaran en su contra.

Jesús: ¿Y quién está acompañando a Herodes aquí? No me digas que él ha podido controlar todo esto solo.

Magdalena: No, él no está solo. Después de que tú firmaras el decreto sacando a Judas del infierno, esto se convirtió en una práctica. Cada semana Herodes falsificaba un decreto tuyo y mandaba a sacar del infierno a uno de los suyos. Así formó su equipo. La llegada de Adolfo le ha servido de mucha ayuda. Herodes lo nombró agente superior y desde entonces él ha estado a cargo de todos los movimientos aquí en el Palacio.

Jesús: ¿Tú me estás hablando de Adolfo Hitler?

Magdalena: Así es, Jesús.

Jesús se enfureció al escuchar a Magdalena confirmar que era Adolfo Hitler quien se encontraba dando órdenes en el Palacio Celestial.

Jesús: He sido traicionado una vez más. Sin embargo, esta vez no voy a jugar a ser el hombre sumiso e indefenso que jugué a ser hace muchos años. Sentirán mi rabia y mi ira. Haré uso de mi poder como jamás lo he hecho.

Jesús: Agente, ponga bajo arresto a Herodes y sus agentes. Tráigamelos aquí antes de llevarlos a una celda. A Magdalena déjemela aquí.

El ahora agente superior recibió la orden con mucho agrado, tomó algunos de los agentes que custodiaban la oficina de Jesús y los llevó con él a efectuar el arresto de Herodes y sus cómplices. Conociendo la relación sentimental entre Herodes y Magdalena, su satisfacción era mayor. Tendría el camino libre, pensó él, mientras se imaginaba una vez más esos duros pezones de Magdalena y el hermoso trasero que ella le había mostrado cuando conversaban en el sótano.

El Agente Superior se dirigió a la oficina de Herodes donde Herodes y Hitler lo esperaban ansiosos para enterarse que Jesús y María habían muerto. Sin embargo, para desgracia de ellos, las cosas habían cambiado.

Mientras se dirigían a la oficina de Herodes, el Agente Superior dio orden a sus agentes para que una vez él entrara a la oficina de Herodes ellos comenzaran a disparar a todos los agentes que se encontraban afuera y quienes eran custodia de Herodes. Las cosas se le facilitaron al ahora agente superior, puesto que Herodes había ordenado dejarlo pasar tan pronto llegara.

Tan pronto se abrió la puerta el Agente Superior comenzó a disparar. Herodes cayó primero, luego Adolfo. Los agentes fuera de la oficina también fueron abatidos por la lluvia de balas disparadas por los ayudantes del agente superior. Ninguno tuvo la oportunidad de defenderse. El Agente Superior abrió varias puertas de la oficina de Herodes asegurándose que no hubiera nadie allí. Tomó algunos documentos de arriba del escritorio de Herodes y se marchó hacia la oficina de Jesús.

Agente Superior: Señor, tengo que informarle que, al ejecutar el arresto, Herodes murió junto a Adolfo. Sus agentes también perdieron la vida. No tuve otra alternativa, Señor; opusieron resistencia al arresto.

Pero no era cierto que se habían resistido al arresto. El Agente Superior pensó que Herodes y sus agentes no merecían más oportunidades. Ya mucho daño había causado. Además, el Agente Superior nunca pudo perdonar a Herodes la decapitación de su gran amigo Juan. De igual manera el Holocausto causado por Adolfo en la Tierra contra los descendientes de Jesús, era otro motivo para terminar con ellos.

Jesús: ¿Así fue? Bien hecho. Permanezca aquí conmigo Agente Superior, mientras Magdalena sigue respondiendo a mis preguntas.

Explícame algo Magdalena, yo recibí una llamada hace un rato desde la Tierra. Lo que está pasando allí realmente no lo puedo creer. ¿Cómo todo esto ha llegado a este punto?

Magdalena: Mira Jesús, durante los últimos años, como ya te dije, tus decretos no llegaron a la Tierra. Esto dio lugar para que Lucifer adquiriera un gran poderío y se convirtiera en el líder de la mayoría de las naciones. Las naciones que no están con él sencillamente tratan de aplastarlas. Herodes me comentó su plan. Lucifer quiere convertirse en el rey del universo. Según él, tú pasarás a ser odiado por todas las generaciones y él ocupará tu lugar.

El Agente Superior, que hasta entonces se había mantenido en silencio, intervino diciendo: Señor, Magdalena tiene razón. Encontré este reporte en el escritorio de Herodes. Contiene un plan muy bien estructurado, el cual será llevado a cabo muy pronto, está firmado por Lucifer. Hay otro reporte, Señor, sobre la vida de alguien llamado Tony. No sé el porqué de ese reporte, pero por alguna razón estaba allí en la oficina de Herodes.

Jesús tomó en sus manos ambos reportes. Pasaba cada página como si estuviera escaneándola en su mente. La rapidez con que Jesús leía era tal que en cuestión de 10 minutos había leído los dos voluminosos reportes. Su cara mostraba la furia que sentía. Se paró de su silla y caminó de un lado a otro mientras acariciaba su larga barba. Estiró cada extremo de su larga bata blanca como en señal de haber tomado una drástica decisión. Pensó que tenía que actuar rápido. Había algo en su favor. Louis desconocía la muerte de Herodes y sus cómplices.

Jesús: Este reporte sí que es ambicioso. Lucifer no ha cambiado en nada.

Tomando el otro reporte en su mano derecha agregó: "Este reporte corresponde a Tony, fue él quien me llamó hace un rato".

Comenzó a dar órdenes precisas.

Jesús: Agente Superior, asegúrese de asesinar a cada uno de los cómplices de Herodes. A las mujeres y niños los encierra. Veremos qué hacer con ellos más adelante.

Agente Superior: ¿Pero no a Magdalena, Señor?

Jesús la miró y luego agregó: "Ya veremos qué hacemos con ella; tal vez debamos mandarla a vivir al edificio del frente. Mientras tanto mantenla vigilada".

El agente superior salió seguido de sus agentes. Le entregó a Magdalena a uno de ellos para que la escoltara a un lugar donde permanecería encerrada, pero no en el sótano, la quería sola, donde pudiera conquistarla sin que nadie los observara.

Mientras caminaba por el pasillo del Palacio, pidió refuerzos y en cuestión de minutos se le unieron otros agentes. Ya se había corrido la voz de que Adolfo y Herodes habían muerto. Sus secuaces no estaban dispuestos a pelear sin causa alguna y todos se rindieron. El Agente Superior no tuvo compasión de ellos. Tal y como Jesús ordenó, los asesinó aun estando de rodillas. Arrestó a todas las mujeres y los hijos de éstas e inmediatamente fueron trasladados hasta el sótano.

Una vez en el sótano, llamó a Jesús para pedir instrucciones acerca de todos los prisioneros que estaban allí.

Agente Superior: Señor, ¿qué hacemos con los prisioneros del sótano?

Jesús: Libéralos a todos.

Se sintió la algarabía en el sótano. Todos hablaban bien de Magdalena.

Judas: La verdad que la puta esa se ganó el perdón.

Hafid: Claro que sí. Tiene un poder de convencimiento enorme; o tiene un hermoso trasero. Convenció al agente en cuestión de minutos; lo hizo traicionar la lealtad que había jurado a Herodes.

Muchos se abrazaron. En ese momento hizo su aparición Pedro, quien había permanecido aislado de los demás en la biblioteca; acompañado por Pablo, quien había corrido a alcanzarlo cuando lo vio asomarse a la puerta del sótano. Pablo se quedó mirando a Hafid fijamente.

Hafid: Veo que te quedas mirándome… ¿aún no me recuerdas?

Pablo: ¡Cómo olvidarte mi buen amigo! Aún recuerdo tus enseñanzas:

1. Hoy comienza una nueva vida
2. Saludaré este día con amor en mi corazón
3. Persistiré hasta alcanzar el éxito
4. Soy el milagro más grande de la naturaleza
5. Viviré este día como si fuera el último de mi vida
6. Hoy seré dueño de mis emociones
7. Me reiré del mundo
8. Multiplicaré mi valor en un ciento por ciento
9. Procederé ahora mismo
10. Nunca oraré pidiendo las cosas materiales de este mundo

Hafid y Pablo se abrazaron; Hafid había recordado aquél a quien él había entregado su más valioso tesoro. Puso las manos en las mejillas de Pablo y lo besó en cada lado. A su mente llegó aquel hermoso recuerdo, cuando siendo un simple camellero con la sola ilusión de triunfar en la vida, él entregó su única mercancía al niño Jesús, para que se cubriera del frío en aquella cueva.

CAPÍTULO XIX

Después del juicio, Roanne había hecho todas las investigaciones que ella creyó pertinente, sin encontrar ninguna pista que la ayudara a dar con la verdad. Exactamente tres años después, recibió una llamada anónima: "Quiero hablar contigo; se trata de Tony". "Te espero mañana en el segundo piso del restaurante ubicado en la calle 51 y la Octava Avenida, a las 12:30 P.M." Quien llamó, colgó sin identificarse.

Roanne dudó en atender a la cita, pero se trataba de Tony. Pensó en su seguridad, pero luego murmuró: "El área es muy concurrida y así debe ser el restaurante".

Se presentó al lugar sola, muy decidida, aunque un poco nerviosa.

—Señora Roberts, ¿cómo estás? mi nombre es Tomback, Andrew Tomback.

Roanne: Muy bien…muy bien…ya veo que sabes mi nombre.

—Claro que sí; puede sentarse…gracias por atender mi llamada.

Roanne: La verdad lo dudé…pero aquí estoy. He trabajado muy duro en este caso, así que lo que tenga que ver con él me interesa.

Andrew: Okay, escúcheme bien. Yo soy una persona cristiana. Como buen cristiano debo promover la justicia y velar por el bien de los demás. Como cristiano también juré cuidar y proteger a mi familia. Sin embargo, estoy en una situación donde promover la justicia y velar por el bien de los demás, pondría en riesgo la protección que debo dar a mi familia.

Roanne escuchaba sin entender nada, pero prefirió seguir escuchando sin decir una palabra.

Andrew: Soy asistente del fiscal del distrito sur de Manhattan. Como tal, estoy representando al gobierno de los Estados Unidos de América contra un grupo de jóvenes acusados de múltiples crímenes. En el proceso uno de los acusados se ofreció para aclarar todos los crímenes y testificar en contra de sus co-defendidos; esto a cambio de una sentencia substancialmente reducida por su cooperación. Este acusado aclaró no sólo los crímenes del cual se les acusaban, sino que también aclaró otros crímenes en los cuales él y sus coconspiradores habían participado.

Para mi sorpresa, surgió la muerte de la joven Dole; el crimen por el cual tu defendido, Tony Parker, está en la cárcel.

Roanne abrió los ojos en señal de sorpresa e interés por lo que estaba escuchando; faltó poco para que derramara el té que estaba tomando. Permaneció callada, estaba ansiosa por escuchar más.

Andrew: Resulta que quienes estaban robando las llantas del vehículo eran esos jóvenes, no Tony. Ellos fueron los que comenzaron a disparar, no Tony. Poseo la declaración completa, jurada y firmada y como testigos tengo mis asistentes y al abogado del muchacho. Sin embargo, cuando les comuniqué eso a mis superiores, ni siquiera se sorprendieron. Su respuesta fue fría y sólo me dijeron que me concentrara en este caso porque el de la señorita Dole ya estaba cerrado.

Es ahí donde está mi problema. Si actúo pierdo mi trabajo y sino actúo, sepultaré la justicia y tal vez con ella a Tony.

Roanne estaba muda. Sólo escuchaba, hasta que pronunció algunas palabras.

Roanne: Siempre supe que era inocente, por ello no he dejado de trabajar en el caso. Pero cuéntame qué podemos hacer para que todos salgamos bien de esto.

Andrew: Por esa razón te llamé. Se me ha ocurrido algo. Te parecerá algo estúpido, pero creo que es una buena salida.

Roanne: Cuéntame.

Andrew: Tengo una reunión con mi supervisor el domingo, va a ser en su casa. Ésta es la dirección.

Andrew pasó una nota a Roanne con la dirección de la residencia de su jefe anotada en ella.

Andrew: Saldré de su residencia a las 6:00 P.M. y va a estar bien oscuro para entonces. Todos esos documentos van a estar en mi maletín…no te preocupes, me aseguraré de dejar unas copias en mi oficina.

Roanne no lograba entender, hasta que la mirada fija de Andrew en sus ojos le aclaró la mente.

Roanne: Entiendo. 6:00 P.M. Va a estar oscuro.
Gracias por todo Andrew.

Andrew: De nada, mucha suerte.

Roanne: Adiós.

Roanne se levantó de la silla y salió apresuradamente del restaurante. Sabía que tenía que apoderarse de esos documentos, pero no sabía cómo. Ella había entendido el mensaje de Andrew. Había que robarle, porque si Andrew hubiera querido sencillamente se los entregaría. Pero había entendido muy bien; Andrew también tenía que salir bien de esto.

Roanne: ¿Qué hago? ¿qué hago? se decía a si misma Roanne mientras conducía su auto.

De un momento a otro una sonrisa iluminó su rostro. Pensó en sus viejos amigos.

Roanne venía de un barrio pobre. El Barrio de la ciudad de New York. Era hija de una puertorriqueña y un afroamericano. Allí en el barrio era muy querida por todos. Ella se lo había ganado. Se juntaba con todos los muchachos sin importar que la mayoría de ellos eran unos delincuentes juveniles. Pero todos la respetaban. Y lo hacían porque Roanne, a pesar de juntarse con ellos, nunca descuidó sus estudios. Siempre hablaba de cosas interesantes. Los muchachos del barrio la apodaban la Fruta Fina. Decían que ella había adoptado un léxico muy sofisticado y su forma de vestir, aunque provocativa, era muy formal.

Muchos de estos jóvenes permanecían aún en el barrio, hacia donde se dirigió Roanne. Estacionó su carro frente a un edificio, y al desmontarse le voceó a una señora asomada en la ventana de un apartamento.

Roanne: ¿El Gordo vive aún ahí, señora?

—Sí, ¿quién lo busca?

Roanne: Dígale que es Roanne.

—Dios mío, tú pareces toda una ejecutiva.

La señora la reconoció de inmediato; Roanne también a ella.

—Mira tú, Gordinflón; te busca la Fruta Fina.

Roanne le sonrió a la señora quien también sonrió.

—Ya viene.

Gordo: My God, tú te ves hermosa; pareces una señora vestida así, que buena tú estás mami.

Roanne vestía un traje color hueso. Llevaba una blusa blanca desabotonada en la parte superior, que dejaba ver parcialmente sus hermosas tetas. Llevaba zapatos negros de tacón alto, a juego con cinturón y cartera.

Roanne: ¿What's up Gordo?

Gordo: Everything cool. ¿What are you doing aquí? I haven't see you por mucho tiempo.

Roanne: Tú sabes coño, siempre trabajando.

Gordo: ¿So qué?

Roanne: I need you.

Gordo: Whatever que tú necesites, mami.

Cuando Roanne terminó de decirle lo que quería que hiciera, el Gordo reaccionó sorprendido.

Gordo: My God, I thought que te iba muy bien como abogada; ¿what, you need money or something?

Roanne rápidamente le completó la historia a lo que el Gordo reaccionó más tranquilo.

Gordo: Coño, ahora sí, ni siquiera tengo que llevar pistola. Eso me gusta.

Gordo: ¿Y cuándo va a ser eso?

Roanne: Domingo; a las 6:00 P.M. Yo paso por ti a las 5:00 ¿Qué te parece?

Gordo: Cool. Dime y tu marido y los nenes, ¿Cómo están?

Roanne: Ese pendejo me dejó. Me dijo que yo era una workaholic.

Gordo: Coño mami, cásate conmigo.

Roanne: Mira cabrón, tú pesas mucho. Tú vas y me aplastas en la cama.

Gordo: Tráeme los nenes un día, tú sabes que van a estar en buenas manos.

Roanne: I will.

Roanne pasó por el Gordo a las 5:00 como acordaron. El Gordo la miró de arriba hacia abajo cuando ella salió del auto para que él manejara. Se quedó en silencio, como si algo lo preocupara. Rápidamente se detuvo.

Gordo: Espera; ya regreso.

Roanne: ¿Dónde vas Gordo?

Gordo: Ya vengo.

Entró a una tienda de ropa y compró un pantalón deportivo y un suéter del mismo color.

También compró unas zapatillas color gris que combinaban con el pantalón y el suéter azul. Luego regresó al auto y le tiró la ropa a Roanne en las piernas.

Roanne: Esto es large; ¿dónde te vas a poner esta ropa, cabrón?

Gordo: No es para mí; es para ti. Y ni te creas que es gratis. Tú me devuelves mi dinero.

Roanne: ¿Para mí? ¿Por qué para mí?

Gordo: ¿Algún día tú has visto una ladrona vestida como tú?

Roanne sonrió.

Roanne: ¿Y dónde me voy a cambiar de ropa? Está muy tarde para regresar.

Gordo: ¿Cómo que dónde? Aquí mismo.

Roanne: ¿Aquí?

Gordo: Sí, aquí.

Roanne se quedó indecisa mientras el Gordo la miraba.

Gordo: ¿Qué te pasa? Cámbiate la ropa nena.

Roanne: Es que yo no uso panty ni sostén.

Gordo: Coño, mucho mejor pa' mi. Así te veo la cuca esa.

Roanne sonrió.

Roanne: Mira para allá y no me mires, cabrón, ¿okay?

Roanne se quitó primero los zapatos y luego bajó sus pantalones con mucho cuidado, dejando al descubierto su hermoso trasero, mientras miraba al gordo como si éste fuera a sorprenderla desnuda. Luego se puso sus pantalones deportivos y las zapatillas grises. A continuación, se quitó la blusa blanca. Por sus pezones se podía determinar en cuantos grados estaba la temperatura en New York. Se puso el suéter azul.

Roanne: Te vi mirándome, pendejo.

Gordo: A ti no, la cuca esa fue la que te vi.

Roanne: Cabrón.

A las 6:00 en punto salió Andrew del apartamento de su jefe. Era una zona exclusiva en el bajo Manhattan. Ya el Gordo estaba preparado. Se le acercó corriendo…y con la mano derecha dentro de la camisa hacía creer que tenía un arma.

Gordo: Deme el maletín o se muere.

Andrew inmediatamente se lo pasó.

El Gordo corrió hacia el auto y Roanne encendió el motor y aceleró tan pronto el Gordo se subió.

Andrew llamó al 911 pero antes se aseguró que el Mazda rojo desapareciera del área. De hecho, le dijo a la patrulla que llegó que los ladrones se habían dirigido en un auto blanco hacia la parte oeste de la ciudad, cuando en realidad se dirigieron hacia el este.

Gordo: Coño, me acordé de mi tiempo.

Roanne: ¿Tú te estás portando bien, ¿verdad?

Gordo: Sí, ya tengo mujer y mi nena.

Roanne: Sigue portándote bien. Gracias Gordo. Luego vengo verte.

Gordo: Mucha suerte.

Roanne le dio un beso al Gordo y él le acarició el pelo como una muestra del afecto enorme que sentía por ella.

CAPÍTULO XX

En el Palacio Celestial, Jesús permanecía en su trono junto al Agente Superior, quien había regresado con él después de haber eliminado a los agentes de Herodes y de Hitler y de hacer prisioneras a sus esposas e hijos.

Agente: Señor, cada momento es importante. Aún no sabemos qué tan rápido Lucifer piensa llevar a cabo su plan.

Jesús lo escuchaba. En su rostro se notaba la determinación con la que actuaría. Sus ojos se transformaron; una nube blanca los cubría parcialmente y se tornaban como cuando el cielo relampaguea. Mientras una nube negra se formó en el centro de sus ojos como reflejando el túnel de oscuridad en el que vivían los humanos. Jesús estaba a punto de imponer el castigo a la desobediencia.

Jesús: Se los advertí, pero parece que no me creyeron. Les recomendé ser sabios; mi mandato fue claro y preciso en el Memorándum que les dejé. El Capítulo VI, versículos 1-8 del libro Sabiduría de la Biblia, es tan claro que sólo su perversidad les puede impedir que lo entiendan.

Si todo esto está sucediendo aquí en mis narices, ¿qué habrá sucedido haya en la Tierra? Lo sentí en sus palabras; entré en su mente y me detuve en su corazón. Fue preciso y honesto en su relato. A propósito, Agente; debe ser liberado de inmediato de esa prisión. Ahí está el reporte acerca de él; éste te ayudará. Ya creé las condiciones para que así sea.

Jesús se refería al reporte de la vida de Tony, quien era en el corazón del cual Jesús se había detenido.

Jesús: Estoy decidido Agente. Será el día donde sufrirán las consecuencias de mi ira; me han dejado sin opciones al desobedecer mis mandatos. Provocaron mi ira sin importar las consecuencias.
No escucharon mis instrucciones y se han dejado influenciar por Lucifer.

Persiguen a los inocentes sin motivo alguno; pero todo tiene su tiempo y éste es el tiempo de eliminar las injusticias de la Tierra. Éste es el tiempo de hacer entender a los poderosos de la Tierra su deber para con los demás ciudadanos.

Éste es el tiempo para que desaparezcan y con ellos sus injusticias. Sólo así las próximas generaciones quedarán protegidas. Me vengaré; no más ejecuciones de personas inocentes. Así los que vendrán respetarán las leyes y con ellas protegerán a los ciudadanos.

No tienen respeto por los derechos de los ciudadanos; los aplastan como a cucarachas. Condenan a un niño por robar un pan, sin embargo, dejan sin castigo a aquél que le roba al niño su destino. Los colmé de abundancia material, pero se la gastan en guerras contra su propia gente.

Les dan comida a los hambrientos cuando ya no tienen fuerzas para comer. Dicen presente en las tragedias, pero no hacen nada para impedirlas.

Crearon las leyes para proteger a sus ciudadanos, pero las usan en contra de ellos.

Le declaran la guerra al hambre y la pobreza, pero no hacen nada para ganar esa guerra.
Mandan a los ciudadanos a conseguir un trabajo, pero no ponen uno a su disposición.
Me sacaron de las escuelas como si fuera un cualquiera. Sólo tenían que hablar de mí. No me importa bajo que doctrina lo hagan.
Promueven la paz, pero con violencia.
Descubren las curas para las enfermedades, pero no las ponen al alcance de los enfermos.
Promueven la democracia, pero imponen los gobiernos.

Como dijera recientemente uno de ellos mismos; encierran decenas de miles de personas inocentes a través de un sistema de coerción. Esto es totalmente diferente a mis enseñanzas y contrario a los ideales de quienes fundaron su nación.

Les otorgan sus derechos, pero no los respetan.

Esta vez lo entenderán, jamás Lucifer será el rey del universo.
La gran generosidad de esos ciudadanos renacerá con su desaparición.

Sólo quedaran aquéllos que siempre han mostrado su extraordinaria bondad y compasión por los demás. Así el mundo entero sabrá de lo que soy capaz.

CAPÍTULO XXI

Mientras tanto en la Blanca Mansión, Louis celebraba con su gabinete. 16 burgueses con copas de vino en sus manos planeaban el inicio de la etapa final de su ambicioso plan. El MECOSA comenzaría a distribuirse ese mismo día y la bomba que detonarían produciría el tsunami de mayor magnitud que haya existido en la faz de la Tierra.

Louis: A partir de hoy seré el rey del universo. Quisiera ver la cara de Jesús cuando se entere que ya no existen quienes lo siguen, y que él ocupará mi lugar en las próximas generaciones. Desde luego, eso es si Herodes deja que se entere y no lo mata primero.

BRAVO…BRAVO…BRAVO…; todos gritaron bravo.

Louis: Mis amigos deben estar ansiosos.

—¿Por qué no los llamas Louis?

Louis: No, no puedo arriesgarme a que intercepten mi llamada. Deben estar alerta si finalmente se comunicaron con el tipo ese.

Jesús seguía en el Palacio Celestial, también preparándose con su Agente Superior y todos sus ayudantes, que se habían presentado con él y escuchaban muy atentos las instrucciones de Jesús.

Jesús: Quiero que sea algo coordinado y efectivo. Ya pude ver el inicio del plan de Lucifer…comenzó a distribuir el MECOSA a través de los restaurantes de sus amigos alrededor del globo terrestre. Esa es la sustancia que él describe en el reporte que le entregó a Adolfo y que está ahora en nuestro poder. También planea detonar la bomba de nitrógeno en el océano pacífico para causar el tsunami de mayor intensidad de la historia. La bomba está a punto de salir del centro de operaciones de Louis, ubicado allá en Nuevo México. Pero lo impediré. Permitiré algunas muertes para así eliminar las raíces que ha echado Lucifer.

Agente Superior: ¿Cuál es su plan, Señor?

Jesús: Simón, llama al administrador de meteorología. Dile que cause la mayor tormenta sobre la Tierra. El arcoíris no debe salir hasta que yo lo ordene.

Lucas, toma este mapa. Los puntos rojos indican donde deben caer los rayos. Mínimo 5 en cada uno de esos puntos de la Tierra. Entrégaselo al departamento de energía.

Agente Superior: Señor ¿y por qué tan intensa la tormenta? Esto podría dañar a nuestra gente.

Jesús: No Agente, esto los salvará. No podrán salir de sus hogares y así no van a ingerir el MECOSA, el cual me imagino estará hasta en el aire que respiren.

Una vez destruidos esos puntos…incluyendo esa base en Nuevo México y el MECOSA arrastrado por las inundaciones, la tormenta cesará. Enviaré entonces un ángel para que le impida a la ciudadanía ingerir alimentos de restaurantes de comida rápida.

Las instrucciones de Jesús fueron seguidas de inmediato. En esa región de la Tierra los centros meteorológicos advertían de severas tormentas e inundaciones que inexplicablemente se producirían en las próximas horas. Los meteorólogos no podían explicar cómo inesperadamente las nubes se habían alineado reflejando la magnitud de una gran tormenta que azotaría la nación.

Los truenos comenzaron a escucharse y los relámpagos alumbraron el globo terrestre. Se escucharon detonaciones enormes por unos cuantos minutos. La ciudadanía estaba al pendiente del informe del tiempo; los aguaceros eran fuertes, era como si las fuentes del gran abismo y las cataratas de los cielos hubieran sido abiertas. Los vientos alcanzaban más de 150 millas por hora, emitiendo todo tipo de sonido. En cada hogar, cada familia estaba frente al televisor. Jamás se había vivido una tormenta como ésa. De repente todas las estaciones pasaron a formar parte de una cadena nacional y un anuncio impactó a todos los ciudadanos.

"Interrumpimos esta programación para dar una desagradable noticia. Cinco descargas eléctricas impactaron la blanca mansión que sirvió de residencia al presidente Louis. Se presume que está muerto. También algunos rumores han surgido donde se indica que el presidente Louis estaba acompañado de todo su gabinete a la hora de su muerte. Al parecer todos murieron con él". "Repetimos…"

Otros informes indicaban que no muy lejos de la mansión, otras grandes edificaciones fueron impactadas por fuertes descargas eléctricas. Reportes preliminares indicaban la muerte de 535 personas.

No muy lejos de allí, otra instalación también fue impactada por una fuerte descarga eléctrica dejando un saldo enorme de muertos. Todos estaban uniformados y pertenecían a la seguridad de Louis.

La noticia dejó impactadas a todas las familias, quienes tuvieron más interés en permanecer frente al televisor. Así, estaba saliendo a la perfección el plan de Jesús para que no fueran afectados por el MECOSA.

Los aguaceros cesaron y el arcoíris salió. El cielo estaba claro.

Muchos periódicos exhibían en primera plana la cara de Louis. Yacía sentado en una silla en su oficina, junto a los cadáveres de otras 16 personas que también estaban allí.

Otras páginas mostraban fotos de algunas de las 535 personas que habían fallecido en un edificio aledaño a la blanca mansión. Las fotos mostraban cadáveres todavía en sillas ejecutivas vestidos de traje y corbata, como si estuvieran en una sesión de argumentos.

Muy cerca de allí otra edificación sufrió una descarga eléctrica severa. 9 cadáveres fueron encontrados incinerados dentro del mismo salón. La ciudadanía no lograba salir de su asombro. ¡Todo había sucedido tan de repente! Unas horas antes temían que se produjera un diluvio, sin embargo, ahora el día estaba claro y soleado; había dejado de llover.

Otras noticias también hicieron titulares en periódicos de circulación nacional. Las descargas eléctricas habían destruido uno de los centros de convenciones más grandes de la ciudad de Miami. Se preparaban a iniciar una charla cuando el edificio se vino abajo producto de una detonación. Como dirían en un noticiero local; no pudieron defender esa causa. Todos eran oficiales de las cortes federales.

Las descargas también habían destruido otras 215 edificaciones en todo el país y 16,025 personas murieron dentro de ellas. Todo lucía como si las detonaciones habían sido seleccionadas para impactar cada uno de esos puntos.

Los medios de comunicación se mantenían muy ocupados en esa mañana. 666 muertes se reportaban en incidentes separados pero atribuidos a las fuerzas de las tormentas. Sin embargo, expertos de la medicina tenían su propia teoría. Decían que las 666 muertes habían sido causadas por un tipo de congelamiento sanguíneo que es causado por la combinación de varias substancias químicas; pero era muy prematuro determinar con exactitud su composición. Mientras más gente ingresaban a los hospitales con los síntomas del virus, los medios discutían con expertos lo que podía convertirse en una pandemia y sus audiencias hacían sus preguntas, que eran respondidas en el aire.

Una anciana llamó a CNN desde su cama en un hospital. Dijo haberse contagiado con el virus y que al igual que ella muchos más morirían muy pronto. Dijo que todos los que murieron y los que morirían en los hospitales a causa del virus tienen algo en común. Según ella habían desayunado en restaurantes de comida rápida.

"Morirán por haber ingerido alimentos contagiados con una substancia mortífera. Esta substancia, siempre estará presente en restaurantes de comida rápida."

La anciana colgó el teléfono. Todos los medios de comunicación se presentaron en el hospital. Querían fotografiar a la anciana y hacerle preguntas. Sin embargo, la anciana había desaparecido misteriosamente del hospital.

Una niña, postrada en la cama de al lado de la cama donde se produjo la llamada, dijo que una anciana de cabellera blanca estuvo allí postrada en esa cama. Sin embargo, la administración aseguró que ese hospital era sólo para niños, y que nunca una anciana había estado allí registrada. Pero se comprobó que la llamada se había hecho desde ese hospital y desde la cama que había permanecido vacía por semanas.

La niña, que esperaba ser operada para recuperar su vista después de haberla perdido en un accidente de auto, se levantó de su cama y salió corriendo a alcanzar a su madre cuando la vio entrar por la puerta de la habitación. "Te puedo ver mami… ella me dijo que te vería," eso decía la niña mientras abrazaba a su madre.

Los medios de comunicación le dieron amplia cobertura a lo que la anciana les dijera por teléfono. Como consecuencia, la ciudadanía se atemorizó, y como si se hubiesen coordinado para ello, dejaron de visitar todos los restaurantes de comida rápida en todo el mundo. Como consecuencia, estos restaurantes de comida rápida se fueron a la quiebra.

En el Palacio Celestial, Jesús mostraba una cara de satisfacción frente a sus ayudantes, quienes lo observaban fijamente percibiendo su bondad eterna; su compasión por los demás y su valentía cuando se trata de defender su causa.

CAPÍTULO XXII

En la prisión Tony se levantó exaltado cuando el guardia tocó la puerta. Miró su reloj, eran las 7:30 de la mañana. Miró la Biblia que aún tenía en su cama; estaba abierta en el libro de Sabiduría. El Capítulo VI, versículo del 1 al 8, estaba marcado.

—Tienes visita; le dijo el oficial.

Se puso su uniforme color caqui y apenas logró cepillarse los dientes y orinar antes de salir. El oficial aún estaba allí esperándolo. Cuando llegó al salón, Roanne estaba allí. Se alegró mucho de verla; ella también de verlo a él.

Roanne: ¿Cómo estás?

Tony: Sorprendido con tu visita. No me digas que soñaste conmigo y dijiste: "iré a verlo".

Roanne: No; no soñé contigo, pero sí quise venir a verte para decirte que hoy a las 2:00 de la tarde tenemos una audiencia en la corte.

Tony: … ¿Una audiencia en la corte?

Roanne: Sí, perdóname que no te lo dijera antes, pero no quería que te ilusionaras con algo que luego no pudiera ser. Pero ahora las probabilidades son muy buenas, es posible que te liberen hoy mismo.

Tony: ¿Me estás hablando en serio, Roanne?

Roanne: Jamás jugaría con algo así. Sí, te estoy hablando en serio. Tengo las pruebas que demuestran tu inocencia, luego te cuento todo con detalles. Sólo quería que estuvieras informado antes de llegar a la corte.

Tony reaccionó tranquilo; pensó en el sueño que había tenido, sus ojos se humedecieron y tocó suavemente las manos de Roanne y agregó: "siempre supe que este día llegaría".

Roanne: Me tengo que ir; te veo en la corte. Todo está arreglado para que te lleven allí. ¡Oh! traté de comunicarme con tu esposa, pero un señor contestó el teléfono y luego colgó.

Tony: Sí, ya lo sé.

Roanne: Lo siento.

Todo ya estaba arreglado. Al llegar a la corte sintió una sensación muy extraña. O no extraña, sino de temor. Otra vez allí; pensó él. Pero esta vez fue todo muy sencillo. Tanto el fiscal como el juez estuvieron de acuerdo en que fuera liberado. El proceso tardó 15 minutos. Allí terminó una larga agonía. Tony no lo lograba entender. El fiscal, quien anteriormente lo acusaba con tanta agresividad, hasta le sonrió, haciendo una seña con el pulgar derecho. Tony no supo que decir… Sólo le miró a los ojos sin hacer ningún gesto.

El juez retiró todos los cargos en contra de Tony. Sí, así de sencillo pensaba él. Estaba ansioso de saber que estaba pasando y una vez fuera de la corte Roanne comenzó a hacerle un relato completo de lo que había sucedido.

Sintió nostalgia al pensar en su familia. Llegaron hasta a un restaurante cerca de la corte y ahí Roanne continuó su relato. No pudo probar ni un solo bocado de la comida que Roanne ordenó para él, las lágrimas rodaban por sus mejillas.

Roanne: ¿No te parece increíble cómo ha terminado todo?

Tony: Sí, pero cuéntame, ¿y cómo convenciste al fiscal para que cediera tan fácilmente?

Roanne: Fue muy simple, tan pronto obtuve las pruebas pedí que me recibiera; lo hizo. Al principio quiso saber cómo conseguí los documentos que probaban tu inocencia. Pero le contesté que lo importante era que los tenía y que eran reales. Fui muy clara con él; le dije ¿qué prefieres? ¿Qué vayamos juntos a la corte o que yo vaya sola a CNN? Se enfureció al principio, pero luego me contestó que prefería ir juntos a la corte.

Eso fue hace tres meses. Tengo la impresión de que le preocupa saber que su futuro ahora es incierto por encubrir evidencias materiales de un crimen; piensa correr como senador por el estado de New York, pero creo que con esto lo pensará dos veces. Aunque con tal de sacarte de allí le prometí que si cooperaba con el proceso yo lo tomaría en cuenta.

Tony: ¿Qué debemos hacer ahora?

Roanne: Ahora es tu decisión; tú no le hiciste ninguna promesa, ¿o sí?

Ambos sonrieron.

Tony quedó pensativo mientras ella lo observaba.

Roanne: ¿Qué te pasa?

Tony: Tú no lo vas a creer, pero hay cosas en la vida que todos nos empeñamos en llamarle coincidencias, pero creo que tienen otro nombre; créeme.

Roanne: ¿Cuál es ese nombre?

Tony: Milagros.

Roanne: ¿Por qué lo dices?

Tony: Si te contara lo que soñé anoche lo entenderías, pero olvídalo, sólo fue un sueño.

Roanne: Bueno y dime, ¿qué es lo que más te gustaría hacer ahora?

Tony: ¿Tú te refieres aparte de ver a mis hijos?

Roanne: Sí, desde luego.

Tony sonrió.

Tony: No te puedo decir, me da mucha pena.

Roanne: Pero dímelo, tal vez te pueda ayudar.

Tony: No lo creo, eso es imposible.

Roanne: Anda dime, dime. A ver, dime que es.

Tony: Lo que más me gustaría hacer ahora es tener una noche de placer.

Roanne: ¡Ah, eso! eso es menos difícil para mí, comparado con todo lo que he hecho por ti hasta ahora.

Tony la miró sorprendido al ver que su rostro indicaba que no estaba bromeando, y le dijo: "creo que mejor nos vamos".

Se miraron a los ojos y quedaron en silencio. Luego partieron del lugar.

Ya en el carro de Roanne, Tony agregó: "sabes qué… me entregaré por completo a la causa de ustedes… ¿todavía está disponible la oferta que me hiciste?

Roanne: Claro que sí.

Iremos detrás de cada uno de ellos… pagarán por esto.

CONCLUSIÓN

Hay etapas de nuestras vidas donde optamos por perder la fe. Una razón muy común es la falta de respuestas a todas nuestras preguntas y la realidad es que por más que busquemos esas respuestas no las vamos a encontrar. Sin embargo, en ésta, mi primera novela, te exhorto a encontrar una respuesta, aunque sea en tu imaginación. Mi novela es ficción, pero debo aclarar que estoy convencido que, en algunas partes del mundo, principalmente en los Estados Unidos, algún ser humano, al terminar de leer esta novela, pronunciará las siguientes palabras: Esto me pasó a mí, o diría, conozco a alguien que le pasó exactamente igual.

Yo también creo que cuando tu fe es sometida a pruebas, es posible que tú sientas que la única explicación razonable a tantas injusticias en la Tierra es que Dios no tiene el control en el cielo. Este es un sentimiento común. Algunas veces yo siento lo mismo. No te preocupes, es solo un sentimiento, Dios sigue en control.

A través de mi imaginación en ésta mi primera novela yo encontré respuestas a mis preguntas, con el único propósito de no perder mi fe.

Prefiero imaginar que pasó así, para no perder mis esperanzas.

Prefiero imaginar que pasó así, para seguir creyendo en Él.

Prefiero imaginar que así pasó, para cuidar de mi salud.

Prefiero creer que así pasó, para seguir firme en mi propósito.

Prefiero imaginar que así actuó, para seguir creyendo en sus promesas.

Prefiero imaginar que pasó así, para seguir creyendo en la justicia.

Prefiero imaginar que pasó así, para saber que existe la maldad.

Prefiero imaginar que pasó así, para creer que sí me escucha.

Prefiero imaginar que pasó así, para aceptar que la perdí.

Prefiero imaginar que pasó así, para seguir creyendo en el amor.

Prefiero imaginar que pasó así, para creer que puedo hablar con él.

Prefiero imaginar que pasó así, para creer en el arrepentimiento.

Prefiero imaginar que pasó así, para saber que existe la traición.

Prefiero imaginar que sucedió así, para saber que existe Lucifer.

DEDICATORIA

Te dedico esta novela a ti Roissa. Por tus sabias palabras aun con tu corta edad. Por nuestro contrato informal, el cual temía no poder cumplir; hoy te dedico mi primera novela.

Fuiste mi inspiración. Cuando escribiste tu historia “Free At Last”.

Te amo Roissita.

ROBERTO S. BERAS

ACERCA DEL AUTOR

Roberto S. Beras nació en San Pedro de Macorís; un pueblo pequeño en la parte este de la República Dominicana. Es el tercero de una madre soltera con 5 hijos. Una mujer increíblemente trabajadora y generosa con sus hijos. Creció en un ambiente humilde y aunque su madre no ganaba lo suficiente, nunca se consideró pobre, porque jamás faltó un techo, comida, educación y ropa limpia.

Amante apasionado de los deportes desde su niñez; especialmente el béisbol y el ping pon. Dos disciplinas donde obtuvo medallas en juegos locales.

Cursó sus estudios primarios y secundarios en escuelas públicas y colegios privados donde admiró siempre la dedicación y el esfuerzo de sus profesores. Sin embargo, hay una escuela y una profesora que dejaron huellas profundas en él. Su hogar, al que considera su mejor escuela y su madre, quien tal vez sin proponérselo se convirtió en la mejor profesora para él.

Estudió contabilidad en la Universidad Central del Este en la República Dominicana, y después de un joven matrimonio, y ansioso por sacar adelante a su familia emigró a los Estados Unidos.

Allí tuvo una vida sacrificada, pero al mismo tiempo dichosa, bendecida y llena de nuevas experiencias. Trabajaba muchas horas a la semana, pero aun así sacaba tiempo para estudiar. Estudió inglés en Berlitz School of Languages of America e ingresó a Hostos Community College en el Bronx, New York, y

continuó sus estudios de programación y sistema de computadoras en La Guardia Community College in Long Island City, New York.
Participó en un programa de especialización en Fordham University, una prestigiosa Universidad en la ciudad de New York.
Entró al mundo de los negocios alcanzando puestos ejecutivos y luego dirigió sus propias empresas.
Es allí donde se origina la odisea en la que vive actualmente. Aunque la Suprema Corte de los Estados Unidos declaró que el alegado acto por el cual el gobierno lo mantiene en prisión no es un crimen, Roberto sigue en prisión; luchando cada día por lograr que la corte declare su inocencia, la cual la corte se ha mantenido negando basada en tecnicismos legales. Mientras tanto se mantiene enfocado en usar este tiempo difícil haciendo cosas de provecho.

Sirvió de voluntario por 12 años en la Iglesia, y se mantiene apegado a su fe católica. Actualmente practica leyes como un jail-house-lawyer después de obtener una certificación en estudios para legales, con una especialidad en litigaciones civiles en Ashworth University, donde también se graduó con honores, con un asociado en ciencia aplicada a la contabilidad.
Hoy Roberto incursiona en este mundo de la escritura y escribe su primera novela.

www.ingramcontent.com/pod-product-compliance
Lightning Source LLC
Chambersburg PA
CBHW071924290426
44110CB00013B/1472